LE PARFUM DE ROME

PAR

LOUIS VEUILLOT

I

PARIS
GAUME FRÈRES ET J. DUPREY, ÉDITEURS
RUE CASSETTE, 4

1862

LE PARFUM
DE ROME

Paris. — Imprimerie de P.-A. BOURDIER et Cⁱᵉ, rue Mazarine, 30.

LE
PARFUM
DE
ROME

PAR

LOUIS VEUILLOT

I

PARIS

GAUME FRÈRES ET J. DUPREY, EDITEURS
RUE CASSETTE, 4

1862

Réserve de tous droits.

1861

LE PARFUM DE ROME.

Rome! nom plein de mystère. Dès que ce nom s'est élevé sur les nations, nulle voix ne l'a prononcé sans haine ou sans amour, et l'on ne sait qui l'a emporté de l'ardeur de la haine ou de l'ardeur de l'amour. Quand la vanité de l'esprit moderne se flatte de tout humilier et de tout concilier, la haine et l'amour de Rome poursuivent leur vieux combat, plus âpre que jamais.

La haine fait couler le sang et les larmes, l'amour est inépuisable en sacrifices ; le combat ne finira qu'au seuil de l'éternité, où triomphera l'amour. Jusqu'alors la haine paraîtra victorieuse, et cependant elle est déjà vaincue. La défaite de la haine, c'est de durer, c'est de poursuivre en vain cette victoire de la mort qui, la délivrant de ce qu'elle hait, la délivrerait aussi d'elle-même. Rome ne périra pas, ses ennemis ne seront point soulagés du poids de sa gloire.

Qui jamais parlera de Rome avec indifférence, comme on peut parler de Berlin et de Londres ou même de Paris? Il y aura toujours dans Rome un mobile d'amour ou de haine qui ne se trouve égal en aucun autre lieu de la terre. Rome la triomphante, la dominatrice des nations! Elle domine pour Dieu ou pour Satan, mais elle est dominante. Elle a le pied sur le monde et elle le broie, elle relève le monde et le pousse vers Dieu.

C'est Rome qui s'est assujetti la terre et qui s'est nourrie de la chair et du sang de l'humanité. C'est Rome qui a pris le genre humain dans ses bras, comme un enfant malade, qui lui a fait respirer l'air salubre des hauteurs, et qui l'a nourri de la chair de Jésus-Christ le Dieu vivant.

Dieu soit béni! Je suis de ceux que Rome a pris en bas, malades, broyés sous les pieds de la vieille mort. Sa main lumineuse m'a transporté sur les hauteurs divines, sa main maternelle m'a baigné dans l'air divin, sa main sainte m'a nourri du divin aliment; je suis de ceux qui ont reçu d'elle la vie, et qui lui rendent l'amour.

Quand j'ai vu Rome pour la première fois, avant

même de savoir que je n'y apportais que la mort, et loin de savoir que j'y trouverais la vie; sans connaître encore ni la mort ni la vie, par un instinct ignoré de moi et meilleur que moi; quand, dis-je, j'ai vu cette Rome auguste et que j'en eus respiré l'indéfinissable parfum, alors j'ai su que je pouvais aimer et que j'aimerais.

———

Qu'est-ce donc, le parfum de Rome? Aucune alchimie ne le pourra décomposer, et il échappe à l'esprit. Pour le sentir, il faut une âme. Telle que le christianisme l'a faite, avec ce qu'il y a mis et ce qu'il y a laissé, Rome est la ville des âmes. Elle a une langue que toutes les âmes entendent; mais l'esprit seul, séparé de l'âme, ne l'entend point.

Il y a surtout ce sot vulgaire qu'on appelle le bel esprit, qui paraît totalement incapable de comprendre Rome. Il ne comprend point le langage qu'elle adresse à l'âme, et il empêche l'âme de l'écouter. Il ne voit point sa beauté souveraine, il la tourne en dérision. Devant cette majesté, il affine des pointes et il fait des grimaces.

Le bel esprit n'est pas la haine; il n'est pas même la haine! Il est le valet de la haine. Elle l'emploie et le méprise; il la craint et la sert. Il jappe, il frétille, il mordille, il est très-charmé de ses talents. Rome se prête aux exercices du bel esprit. Il y a là tant de choses révérées et sacrées ! on y voit tant d'hommes à genoux !

Dans les dépositaires des choses de la Divinité, le bel esprit ne voit que les fragilités humaines. Il remarque la rouille sur le marbre, la verrue sur le visage, et il dit : La Divinité est absente ! Il triomphe de rester debout au milieu de la foule prosternée ; il fredonne un vaudeville quand la prière chante, il lève le front quand la bénédiction descend.

Il dit à la bénédiction : Va chercher des têtes moins éclairées. La main qui t'envoie n'est qu'une main mortelle ! Ainsi, à travers la sainte cité, le bel esprit se carre et se gonfle, *tanquàm pullus onagri*. Un bel esprit par chaque siècle, un au moins, s'est chargé de bafouer Rome. Au dernier siècle, il arriva de Dijon, ce fut le savant président de Brosses. De lui est né le singe qui gambade présentement, et que je ne nommerai pas.

Quelques années après ce piquant président, un autre pèlerin sceptique accourait d'Allemagne, traîné par un long et véhément désir. C'était aussi un homme d'esprit et savant, et qui ne manquait pas d'orgueil, et de plus enfant du protestantisme, c'est-à-dire enfant de la haine. S'est-il joint au chœur des singes ? Non, il avait un autre génie.

Dans son âme obstruée par le protestantisme,

envahie par l'orgueil, liée par les sens, le génie faisait pénétrer de vastes et impérieux rayons; et alors cet homme, comme un aigle captif, volait du regard et parcourait un horizon immense. Il se nommait Jean-Wolfgang Goëthe. Ce nom sonne plus haut, et sonnera plus longtemps que celui du président de Dijon.

Il avait quarante ans; déjà il était le grand Goëthe, et il planait dans la maturité précoce de ses œuvres et de sa renommée. Écoutons-le parler de Rome. Il écrit à ses amis d'Allemagne, il leur jette les notes éparses et le rhythme ébauché qui seront plus tard la chanson de Mignon :

« Quand je vous ai vus tous enchaînés corps et âme dans le Nord, et quand j'ai connu que vos cœurs n'aspiraient plus vers ces contrées,

« Alors j'ai pu me résoudre à la longueur et à la solitude du voyage, et je suis venu chercher le centre où m'attirait une invincible passion.

« Oui, j'étais malade. Il fallait que ce désir fût satisfait. Et maintenant les amis et la patrie me redeviennent chers.

« J'ai volé à travers les villes. Pressé du désir de Rome, je ne pouvais tenir nulle part. Je n'ai donné que trois heures à Florence.

« Je vois ce que j'ai tant contemplé en esprit.

Rien ne m'a paru étranger; mais tout est devenu si clair, si vivant, que tout peut compter pour nouveau.

« Quand cette Élise de Pygmalion, qu'il avait formée entièrement selon son rêve, lui donnant toute la vie et toute la vérité que l'artiste peut produire,

« Quand cette Élise vint vers lui, disant : *C'est moi!* quelle différence entre la vérité et le rêve, entre la pierre ciselée et la vie ! »

Goëthe emporta de Rome l'effroi de ne la plus revoir, ordinaire douleur de quiconque l'a véritablement vue. Douleur chère, fleur du souvenir, triste et qui ne s'épanouit que dans l'ombre; mais si merveilleusement belle, que l'on craint le jour heureux qui fermerait ses corolles, et le souffle de prospérité qui en dissiperait le parfum.

« Oh! s'écriait-il, quitter Rome sans espoir d'y revenir, celui-là seul pourra comprendre cette amertume qui l'aura ressentie! » Il empruntait la voix d'Ovide, et les distiques du poëte exilé ne cessaient de traverser sa pensée et son cœur.

Mais Goëthe voulait des paroles à lui pour exprimer des sentiments qui étaient nés en lui. Son unique joie était de se peindre sa douleur. Allant à Rome, rien ne l'avait pu retenir ; revenant de Rome, rien ne le pouvait charmer; il s'enivrait de ses regrets.

A Florence, dans ces jardins créés par le luxe pour le plaisir, tout entier à son tourment, il composa les scènes du *Tasse*. « De là, dit-il, le souffle douloureux qui traverse tout le poëme, ce souffle d'une âme passionnée qui se sent condamnée à un exil irrévocable. »

Certes, voilà de quoi étonner le plaisant président de Bourgogne et le singe qui est né de sa séve pour la gloire du temps présent, le singe que je ne veux pas nommer! Goëthe, donc, honorait et aimait Rome à ce point, qu'il lui suffisait de contempler Rome absente pour éveiller en son propre cœur toutes les lamentations de l'exil? O singe! résolvez-moi cette question romaine.

———

Et cependant Goëthe s'est arrêté devant une enveloppe grossière. La véritable Rome, il ne l'a point connue. Il en a respiré le parfum à la manière de ces profanes qui se glissent dans nos temples, et qui savourent la douce fumée de l'encens, mais sans savoir que, comme la mélodie des hymnes et l'or des vêtements, la fumée de l'encens est une prière.

Il était tout païen; il se chantait les pauvres vers d'Ovide, et c'est aux divinités du Capitole qu'il portait ses adieux. La grande Rome, la maîtresse encore couronnée du monde, cette Rome spirituelle et divine, notre amour et notre gloire, à peine l'a-t-il entrevue, à peine a-t-il su qu'il la voyait.

Celle-là n'est pleinement donnée qu'à l'œil simple de la foi. Comme le Dieu qui la remplit, elle se révèle aux humbles et se cache aux superbes. L'orgueil de l'esprit la parcourt en tous sens et y demeure sans la découvrir. Heureux s'il peut soupçonner qu'elle existe, aux influences bénignes qu'il en reçoit!

Mais le pèlerin qui s'est agenouillé de loin devant la coupole surmontée de l'impérissable croix, celui qui a touché de son front le pavé des lieux saints, le fils de l'Église qui veut bien donner un souvenir à César, mais qui est venu pour honorer Pierre, voilà l'hôte de Rome. Elle lui parlera, et il l'aimera.

Comme la maison du père est ouverte à l'enfant, ainsi Rome lui sera ouverte. Il aura la clef de ses mystères, le sens de ses harmonies, le charme incomparable de ses parfums ; il comprendra tout, il aimera tout, et il gardera la connaissance et les délices de son amour.

J'étais venu à Rome une première fois, sans désir et sans but. On m'avait dit : « Tu verras le Capitole et le Vatican, le tombeau de Cecilia Metella et les catacombes; tu verras les fêtes du carnaval dans le Corso et les cérémonies de Pâques dans la basilique de Saint-Pierre. » Que m'importait tout cela ? Mais je m'étais dit : Pendant quelques jours au moins je ne me verrai pas !

J'errai dans Rome. De tout ce que l'on m'avait dit que je verrais, je ne vis rien. Ce que mes yeux contemplaient, ce que mes mains touchaient, mon âme n'en savait rien et ma pensée n'en gardait aucun souvenir. Le parfum de Rome enveloppait mon âme et lui dérobait le monde extérieur. Le soir venu, je ne savais plus de quoi j'avais rempli le jour; le magique parfum demeurait.

Je savourais, parfois avec une sorte d'angoisse, cette sensation étrange, cet indicible parfum qui sortait de toutes choses, et que jusqu'alors les choses ne m'avaient jamais envoyé. Quel était ce parfum qui pénétrait en mon âme sans prendre la voie des sens, qui me semblait en moi une parole et une lumière, et qui m'empêchait de voir et d'entendre autour de moi ?

Ce parfum était un vêtement de Dieu, dans lequel en même temps il se cachait et se faisait sentir; et je le suivais sans le connaître, hésitant et vaincu, à la trace de ce parfum; je le suivais hors des routes où j'avais marché. Et bientôt je reconnus que j'entendais vraiment une parole : c'était la parole de Rome, et aussi la parole de Dieu.

Et ensuite je reconnus que cette lumière qui avait rejeté dans l'ombre toutes les choses extérieures était la vraie lumière, de laquelle les choses recevaient leur vraie figure, jusqu'alors cachée à mes regards ; et cette lumière de Rome était la lumière de Dieu. Et dans ce parfum, dans cette parole, dans cette lumière, je trouvai ce que je ne cherchais pas et ne connaissais pas : Dieu, Rome et moi-même.

Avec la superbe d'un fils des temps nouveaux, je m'étais dit : Je verrai le Pape ! Comme s'il se fût agi tout simplement d'un prêtre, tout au plus d'un roi, dans tous les cas, d'un mortel. Mais, grâce à Dieu, quand j'ai monté l'escalier du Vatican, je m'étais agenouillé, j'avais passé par le bain de la pénitence, j'y avais laissé la superbe et la souillure des temps nouveaux.

J'étais l'homme des temps anciens, j'étais l'homme du baptême, le fils de la vieille Église qui a précédé tous les temps et qui remplira tous les temps, et qui, après tous les temps, survivra pour remplir l'éternité. J'étais cet homme que Dieu a créé dans Adam « pour connaître, aimer et servir Dieu, et conquérir la vie éternelle. »

J'étais l'héritier de cette promesse longtemps oubliée du monde, renouvelée en vain pour tant de faux sages, ignorée de tant de faux savants, dédaignée de tant de fausses grandeurs. Je l'avais reçue, elle m'appartenait, et avec elle je possédais mon âme et ma royauté. Dans la ville royale et dans la maison sainte, je ne passais pas comme un curieux et comme un étranger.

J'étais un fils de la cité, je pouvais, je devais aspirer à l'honneur de la défendre. Bien plus, j'étais un fils du roi, et sur ce sol sacré, dans ce palais même, j'habitais mon patrimoine. Je ne venais pas ici saluer un de ces hommes qui se font appeler seigneurs parce qu'ils portent sur la tête un bandeau qui souvent les aveugle, et que la force peut déchirer.

J'allais vers celui que Dieu a désigné pour être la représentation vivante de la miséricorde et de la justice, la représentation vivante du Dieu vivant; vers celui que Dieu même a orné de la couronne toujours lumineuse qui ne roule pas sous les pieds de la sédition, qui ne tombe pas dans les gouffres de la mort. O Seigneur Jésus! il est donc vrai, je suis catholique!

J'entrai, non pas orgueilleux, mais fier; non pas assuré, mais tranquille; non pas tremblant, mais remué jusqu'au fond de l'être. Je vis la robe blanche du grand vieillard. Déjà, depuis huit ans, Grégoire portait la tiare et n'avait pas fléchi sous le poids; depuis huit ans sa main gouvernait dans la tempête et n'en était pas moins prompte à se lever pour bénir.

J'oubliai le vieillard, le docteur, le roi, l'Évêque; un titre plus auguste couronnait cette tête vigoureuse et sereine, un titre plus doux rayonnait sur ce front resplendissant de bonté. Je me prosternai devant l'Immortel, devant le vicaire de Jésus-Christ, devant le vicaire de l'amour, et je l'appelai mon Père! Et lui, s'inclinant pour me bénir, me dit : « *Figliuolo*, mon enfant! »

Il ajouta quelques paroles; je n'entendis que ce mot. Dans ce seul mot, j'avais tout entendu et tout compris. J'étais jeune, sans état, sans fortune, sans nom; j'étais un obscur passant. Cet accueil de tant de puissance à tant de faiblesse, la douceur de cette majesté et la tendresse de ce sourire, me disaient quelle est la dignité du Chrétien.

Figliuolo, mon enfant! D'un seul bond de la pensée je parcourus toute ma vie. Je me vis à quelques années en arrière sous les livrées de l'indigence, et plus tard, plus pauvre, dans les détresses de l'âme. Qui m'avait jamais donné ce nom avec cet accent et ce sourire, si ce n'est mon père, et de quel autre l'aurais-je accepté?

« Mon enfant! » Que de fois ce mot s'est allumé soudain au fond de ma pensée, comme un flambeau qui éclairait les choses humaines! Par ce mot, j'ai plus vite et mieux connu l'histoire du Christianisme et l'histoire du genre humain. Avant Jésus-Christ, avant le Pape, c'était un mot qui manquait dans le monde, et qui dans la famille même ne possédait pas cette douceur et cette énergie.

Je compris que le genre humain n'avait pas uniquement des chefs et des maîtres, mais qu'il avait aussi un père. Je sentis la force de ce symbole du bon Pasteur, sur lequel mes yeux s'étaient vaguement arrêtés quelques jours auparavant dans les catacombes. Le bon Pasteur va chercher sa brebis, la dégage des épines, la rapporte sur ses épaules.

Que de droits inébranlablement soutenus, que de faiblesses courageusement et amoureusement protégées, et aussi que de passions apaisées, et de révoltes calmées, et d'orgueils abattus et guéris par l'action de cette royauté divine qui pose tendrement ses regards sur le plus pauvre des mortels, et qui lui dit : Mon enfant !

―――

Trois fois depuis, les désirs de mon cœur, victorieux des embarras de la vie, m'ont ramené à Rome et au Vatican. En Pie IX j'ai retrouvé, plus douce encore, non moins ferme, la majesté de Grégoire. J'ai senti de nouveau ce cœur de Père, j'ai reçu de nouveau le nom de fils. Un jour, j'ai dû demander justice : et le juge, aussi attentif que le père s'était montré clément, a relevé mon humble droit qu'une main puissante avait brisé.

Un autre jour, écrasé par la force, insulté par cette force qui m'écrasait, et n'ayant contre elle aucun recours ; mais ainsi traité, grâce à Dieu, parce que j'avais fait mon devoir ; triste de me sentir inutile, content néanmoins comme un soldat blessé, je parus encore devant le vicaire de Jésus-Christ.

O ciel ! prosterné sous sa bénédiction, j'entendis de sa bouche cette parole qui consolait et qui glorifiait ma blessure ; cette voix sacrée disait : *Beati qui persecutionem patiuntur propter justitiam : quoniam ipsorum est regnum cœlorum.* Oui, mes oreilles ont entendu ces mots ; j'ai eu cette joie et cette gloire.

Et j'étais plus ravi encore parce que, l'entendant prononcer ces paroles divines, toute mon âme les lui appliquait. Bienheureux donc êtes-vous, ô Père très-saint ! O juste trahi, flagellé et crucifié ! O gardien et défenseur de la justice, qui souffrez pour elle de si dures persécutions !

Vous êtes bien heureux sur votre calvaire où vous combattez pour la justice, et vous ne craignez pas de souffrir, sachant que la justice triomphera parce que vous combattez. Et nous, quand nous baisons vos pieds captifs, et quand nous sentons au-dessus de nos têtes vos mains enchaînées, nous recevons sur nos âmes le sang de la croix.

Le douloureux spectacle de Rome, ici captive et désolée, là ingrate et séditieuse, partout envahie, et la majesté affligée du Vatican où se rassemblent les souvenirs du Golgotha, ces scènes navrantes et ces terribles images déchirent nos cœurs sans les désespérer. Nous savons que la justice vaincra, nous savons que Dieu sera vainqueur, nous savons que Rome est à vous.

Pierre l'a prise à Satan pour Jésus-Christ; une secte ennemie de la dignité et de la liberté humaines s'est armée afin de reprendre Rome à Pierre pour la rendre à Satan. Alors donc, avec Pierre, Jésus serait banni de Rome! L'ennemi labourerait et ravagerait ce sol sacré; il en arracherait les ossements des martyrs, il abattrait les temples!

Rome, par la frénésie de ces mains violentes et impures, serait dépouillée de tous les trésors qui sont l'héritage commun des enfants du Christ; et en même temps ils la souilleraient des édifices et des pompes de leur brutale corruption; ils la rempliraient de casernes, de lupanars et de théâtres; ils y mettraient un trône entouré d'espions et de soldats!

Ainsi Rome perdrait ses parfums qui attirent à la vie divine, ainsi l'âme et la liberté de l'homme perdraient leur refuge précieux, ainsi l'humanité demanderait où réside son pasteur; et nous deviendrions tous étrangers dans Rome, et notre héritage nous serait volé. Et le servile genre humain laisserait détrôner ce roi que tout homme peut appeler *Père* et qui répond à tous : Mon fils!

Ceux qui tentent d'accomplir cet infernal miracle

croient-ils qu'ils en viendront à bout? Moi, je ne le crois pas. S'ils répondent qu'ils sont assez rusés et assez forts, et que l'humanité sans Dieu n'est pas seulement une bête féroce, mais qu'elle est surtout une bête lâche, je réponds que Dieu a pourtant racheté le genre humain.

Qu'ils tiennent Rome en leur puissance, qu'ils la saccagent, qu'ils la souillent, qu'ils l'embellissent à leur manière, cela est possible; ils le feront si le monde a mérité ce châtiment et que Dieu le veuille laisser passer. Mais c'est Dieu qui est Dieu, et Dieu est père. Il rendra le Pape au monde et Rome au Pape.

Et Rome, vidée de ses habitants et détruite comme elle l'a été plusieurs fois, se repeuplera et se reconstruira. Les créations modernes tomberont ou seront purifiées. Un vent se lèvera qui emportera fort loin le petit trône nouveau, et ce qu'on aura placé dessus, et ce qu'on aura planté autour pour en accroître le lustre et la solidité.

Et nos arrière-neveux retrouveront dans Rome tous les parfums de Rome, parfums de science et de sainteté, parfums lumineux et éloquents qui leur apprendront l'histoire et la vie. Et comme nous, de quelque terre lointaine qu'ils soient accourus, ils seront les citoyens de la ville et les enfants du Roi, et lorsqu'ils verront le roi immortel, quelle que soit leur petitesse, ils lui diront : Mon Père! et il leur répondra : Mon Fils!

O Dieu du ciel et Dieu de la terre, qui avez choisi Rome entre le ciel et la terre, comme un point où vous daigneriez descendre et où nous pourrions monter, afin de vous rencontrer avec nous, et qu'il nous fût donné sur la terre de plonger nos regards jusque dans le ciel, et de vous voir de nos yeux, et de vous toucher de nos mains, et de recevoir dans nos oreilles de chair quelque chose du son de votre voix ;

O Dieu du ciel et du monde, Dieu des pauvres, Dieu des faibles, Dieu des ignorants, Dieu de miséricorde, qui créez en nous les bons désirs et qui les entendez, soyez béni de m'avoir appelé dans votre Rome, de m'avoir révélé ses parfums, d'avoir ouvert mon intelligence à sa parole, d'avoir purifié et illuminé mes yeux dans sa lumière; et alors j'ai connu le ciel et le monde, et moi-même et vous !

LIVRE I

LE CHEMIN.

I

LA MACHINE ET L'ESPRIT.

Rome est déjà sur le chemin qui mène à Rome : le parfum de Rome se fait sentir dès que le cher voyage est résolu. *Je vais à Rome!* cela ne se dit pas comme s'il s'agissait d'aller ailleurs : la voix prend un autre accent ; sur la route l'esprit reçoit d'autres impressions.

Nous voilà partis, pleins d'allégresse, chargés des vœux de nos amis et de nos proches, ambassadeurs de la tendresse chrétienne auprès des saints que nous implorerons sur leurs tombeaux. Nous allons vers le soleil, nous allons vers la prière; et moi, je sais encore que nous allons vers la liberté.

De telles joies mériteraient d'être achetées par quelques peines. Autrefois le pèlerin cheminait de clocher en clocher, chantant des cantiques, examinant son cœur; il portait le poids du jour. Souvent il demandait à la charité son gîte et son pain.

Ils étaient bien maîtres de la vie et d'eux-mêmes, ces hommes d'autrefois, et bien maîtres aussi du temps. Ils possédaient le temps, ils en disposaient, ils le prodiguaient. Ils donnaient du temps à la prière, à l'étude, au loisir. Assez riches de temps pour voyager à pied!

Nous, heureux de ce bel âge, ménageons notre temps. Le temps est de l'argent! Prenons les voies rapides, précipitons-nous, dévorons la route, afin d'être de retour à l'heure et de nous rendre au travail, aux affaires, à la chasse et à la fouille de l'argent.

On nous accroche à la locomotive. Non, je ne saurais louer cette machine violente! Jamais je n'aimerai sa fumée, ses hurlements, son brutal et servile trajet à travers la terre déchirée. Jamais je ne verrai d'un œil content les automates uniformes qui servent le monstre.

Je hais sa rapidité. Cette rapidité m'ôte le désir et me laisse l'impatience. Il me déplaît d'être ainsi pressé, d'être aux ordres du sifflet et du règlement, de ne voir partout que l'image de la servitude et de me sentir moi-même sous le joug.

Le chemin de fer est l'expression insolente du mépris de la personnalité et de l'anéantissement de la liberté. Rien ne figure mieux la démocratie. Je ne suis plus un homme, je suis un colis; je ne voyage pas, je suis expédié.

Des deux côtés de la voix ferrée se dressent les poteaux du télégraphe électrique. Vous dites que là-dessus vos pensées voyagent avec la rapidité de la foudre. Là-dessus ne voyagent que la Bourse et la Police; et je vous dis, moi, que la liberté est pendue à ces poteaux.

Quand je regarde cette barre de fer sur laquelle je cours et ce fil de fer qui court plus vite sur moi, c'est alors que j'entends bien le propos de l'hirondelle :

Voyez-vous ce filet qui par les airs chemine?

Oisillons du progrès, lisez La Fontaine. Ce filet, c'est la *cage*. Gare le *chaudron!*

Nul doute : bientôt, vous connaîtrez le soir à Paris le cours du jour à la bourse de Pékin. Bientôt aussi la même volonté sera maîtresse à Paris et à Pékin; et elle rendra le matin dans Paris des décrets auxquels vous obéirez le soir sans réplique, fussiez-vous à Pékin.

Cette volonté se proposera, premièrement, de vous faire courber la tête, sans autre souci de vos pensées. Elle ne dira pas : *Obéis ou meurs*, phrase trop littéraire et trop condescendante. *Obéis*; c'est plus télégraphique, et le reste va de soi.

———

Notre ami Coquelet (pourquoi vient-il à Rome avec nous?) aime passionnément la photographie, la sténographie, l'électrographie. — « Voilà, dit-il, des merveilles; quand j'y pense, je m'exalte. Pour les célébrer, je voudrais avoir le génie de Babinet.

« L'intelligence humaine est enfin maîtresse des forces de la nature. Par leur moyen, elle double, elle décuple la vie. Que dis-je? Nous vivons plus en une année que nos pères dans tout le cours d'une longue existence! » Voulant caresser mon faible, Coquelet poursuit : « Imaginez un prêtre éloquent :

« Il peut prêcher le même jour dans trois, dans quatre villes. Ses discours recueillis par la sténographie, transportés par la télégraphie, multipliés bientôt par la photographie, peuvent retentir la même semaine dans les cinq parties du monde... Et vous ne voyez pas cela, et vous refusez cela! »

— O Coquelet! un orateur capable de prononcer le même jour trois discours dans trois villes, où prendra-t-il le temps de composer un bon discours? La pensée se fait des ailes pour monter vers la lumière; mais ces ailes ne lui poussent que lentement, tandis qu'elle chemine à pied.

La pensée a peu de commerce avec les improvisateurs. Je n'ai pas lu que Thomas d'Aquin prêchât le même jour dans trois lieux différents, ni seulement tous les jours dans le même lieu. Saint Dominique, saint Vincent Ferrier, saint Bernardin de Sienne allaient prêcher à pied.

Ce n'est pas quand l'orateur court vite qu'il est puissant; c'est quand il mérite que l'on coure après lui. Or l'on court après celui qui dit des choses, non après celui qui jette du vent. Mais où se trouvent les choses à dire? Dans la solitude; et la solitude apprend à les dire.

Le docteur Thomas partait avec la pensée, pour de longues courses, un livre sous le bras, un bâton à la main; et souvent, pour ménager ses souliers, il les suspendait à sa ceinture. Ainsi avaient fait Pierre et Paul, et Dominique, et Bernard, et tant d'autres.

Et ces voyageurs à pied ne laissaient pas d'amener la pensée à bon terme et pour longtemps. Lorsqu'ils arrivaient, alors leur pensée avait des ailes et une voix qui lui permettaient de se passer de la télégraphie. Je comprends que l'on télégraphie un discours de M. Chose.

Mais une décision de saint Thomas d'Aquin, une page de Bossuet, un chapitre de Joseph de Maistre, un vers de Corneille, une lettre de Sévigné : à ces pensées et à ces formes de la pensée, qu'importe le secours de votre machine?

Saint Thomas d'Aquin aurait-il écrit la *Somme*, s'il avait voyagé en chemin de fer? Est-ce en chemin de fer qu'a été conçue et composée l'*Imitation de Jésus-Christ?* Quel rapport y a-t-il entre le chemin de fer et Homère, et le Dante, et Shakespeare, et la Chanson de Roland?

Félicitez la banque, l'industrie et la cuisine. Dites que le coton, la houille, le melon et les huîtres voyageront désormais sur les ailes de la foudre. Mais la pensée et l'art n'ont rien à espérer du chemin de fer ni du fil de fer. Si la pensée et l'art doivent périr, ces engins les tueront.

Que serait-il arrivé si la marquise de Sévigné avait eu le fil électrique à sa disposition quand la comtesse de Grignan approchait de ses couches? Cette question fait frémir. Vingt chefs-d'œuvre étaient étranglés et remplacés par des logogriphes ridicules.

Peut-être, Coquelet, que nous ne verrons à Rome ni chemin de fer ni télégraphe électrique. Ne fulminez pas. Hélas! ces inventions et leur cortége de manœuvres enchaînés et méchants envahiront aussi Rome; et cette invasion sera funeste à l'art et à la pensée.

Quand le télégraphe électrique aura baissé ses prix, il fera du style épistolaire ce que la photographie a fait du portrait. En ce temps-là, il n'y aura plus de Sévigné pour décolorer les dames de lettres, ni de Raphaël pour humilier les rapins.

— « Mon ami, me dit Coquelet, prenez garde. Les chrétiens comme vous font détester l'Église et perdraient Dieu même s'il pouvait être perdu. On attribue à la religion elle-même l'excès de vos passions rétrogrades et intolérantes, et l'on s'éloigne d'un culte qui semble condamner tous les essors de de l'esprit humain. »

— Mon ami, répondis-je à Coquelet, je connais ce discours. Plus d'une fois je l'ai lu dans le *Constitutionnel*, dans la *Revue des Deux Mondes* et ailleurs; et c'est le propos ordinaire des Véroniens et des Bulozophes, qui forment une grande légion. Je vous avouerai que je le trouve rétrograde et intolérant.

La religion avait fait prévaloir la pensée sur la matière. Vous faites prévaloir la matière sur la pensée, et vous rétrogradez ainsi de dix-huit siècles pour le moins. Je ne condamne pas les essors de l'esprit humain, puisque je mets, non-seulement les docteurs de l'Église, mais Homère et le Dante au-dessus des physiciens et des chimistes.

Que dis-je? Si quelqu'un a du mépris pour la horde des poëtes, penseurs et philosophes de ce temps, c'est moi. Ce que je pense de ces maîtres de la terre et de leurs disciples et chambellans, les orateurs et hommes d'État, cela est indicible. Je mourrai avec le regret de n'avoir pu dire combien je les trouve sots et bas.

Je ne vois point que jamais pareille nuée de destructeurs ineptes se soit abattue sur le pauvre genre humain. Ils le ruineront ou l'aviliront plus que n'ont fait les Vandales. Leur haine ignorante du christianisme, ou leur indifférence et leur lâcheté, ou leurs folles attentes et leur hypocrisie me saturent d'horreur et de dégoût.

Néanmoins, parce qu'ils ont cependant quelque lointain commerce avec l'art et avec la pensée, je les place encore infiniment au-dessus de la brute polytechnique, à laquelle ils s'asservissent eux-mêmes : et s'il fallait choisir, je préférerais la plume ou la guimbarde des moindres, à la cornue et au compas de vos inventeurs.

Vous ne permettez pas que je préfère la pensée à la matière et que je mette l'art au-dessus de la machine; vous voulez courber ma pensée et mon corps sous ce machinisme qui vous promet des jouissances bestiales. Ainsi vous n'êtes pas seulement rétrograde, vous êtes encore très-intolérant.

Quant à la religion, la brute polytechnique ne s'en occupe pas. Elle sonde les œuvres de Dieu, elle en signale les merveilles qu'elle voit de plus près que nous, mais elle ne voit pas l'ouvrier, ou elle dit savamment qu'il n'existe pas. Quelque jour un membre de l'Institut offrira de créer la terre.

Cela m'inquiète fort peu en un sens. Je suis très-assuré pour mon compte de ne pas adorer ce membre de l'Institut. Seulement une grande quantité de pauvres diables concluront que, puisque ce membre de l'Institut n'est pas Dieu, il n'y a pas de Dieu; et ils deviendront à eux-mêmes leurs dieux.

Cette frénésie se propagera de plus en plus dans l'espèce humaine, et l'espèce humaine deviendra de plus en plus brutale et asservie, et le machinisme fera peser son joug de fonte sur le monde envasé. Cela m'inquiète pour vous, Coquelet. Sous ce joug, dans cette vase, vous ne digérerez pas si bien que vous l'espérez.

Pour nous autres chrétiens, Dieu nous a donné un œil intérieur, toujours ouvert sur le ciel. Le machinisme n'empêchera pas ceux qui voudront être à Dieu de voir toujours Dieu; ils sauront même forcer quelquefois le machinisme à servir Dieu. — Mais ces temps seront durs, et beaucoup d'hommes renonceront à penser.

II

L'OMNIARQUE.

« Lyon, vingt-cinq minutes d'arrêt! » Il est dur de traverser Lyon sans gravir les hauteurs de Fourvières, sans même pouvoir les saluer de loin. Jadis je me suis arrêté à Lyon; j'ai parcouru cette vieille ville illustre, la Rome des Gaules.

Ensuite, côtoyant les montagnes vertes et les noirs rochers, j'ai descendu le Rhône jusqu'aux murs d'Avignon. Quels beaux méandres! Au milieu de ces spectacles aimables, j'ai lu un aimable livre. Double charme qui m'est resté longtemps.

Ce charme, c'était la poésie du voyage. Ma course était rapide, non pas essoufflée. J'avais vu saint Irénée et sainte Blandine à Lyon; je retrouvais madame de Sévigné sur le Rhône.

Dans ma solitude fécondée par le contact des choses nouvelles, je rencontrais un grand et doux repos. J'apprenais, je pensais. Je causais avec de bonnes gens qui n'avaient jamais perdu de vue leur clocher, et qui n'en connaissaient pas moins les choses de la vie. Je me sentais mûrir.

— « Lyon, me dit Coquelet, se régénère; en français, on le démolit. Faites votre deuil de l'ancien Lyon. Dans un an, vous aurez une ville toute neuve. Rues droites avec trottoirs d'asphalte et maisons uniformes, rues stratégiques macadamisées, cafés chantants et sergents de ville. La cité noire sera blanchie, la cité turbulente sera docile.

« La France se remet à neuf; le monde imitera la France. Toutes les villes du globe seront aérées, alignées, reblanchies, rebâties. Nulle part on ne verra plus rien de vieux. Les spectres de la caducité et de la misère disparaîtront. Dans la langue nouvelle du genre humain, il n'y aura pas de mot qui signifie un *étranger !* »

— Ajoutez, Coquelet, que cette langue unique n'aura pas non plus de mot qui exprime la condition d'être chez soi. Au sein de ce monde commode, je crains qu'on ne soit prodigieusement serré. Le maître nécessaire de la démocratie universelle possédera nécessairement des pouvoirs étendus.

Le monde a été créé pour n'avoir qu'un seul Dieu. Voilà l'unité où nous aspirons, nous autres catholiques. Nous disons : Un seul Dieu, un seul pasteur, un seul troupeau. Le genre humain laisse arranger cela tout autrement. Non pas un seul Dieu, tous les dieux, au contraire; mais un seul roi, un omniarque qui fera régner l'harmonie, l'égalité et la volupté.

L'Omniarque sera grand prêtre de toutes les religions, décidera de toutes les capacités, donnera tous les brevets, gouvernera toutes les villes, tiendra tous les télégraphes, portera toutes les lettres, censurera tous les livres, écrira tous les journaux... Cet idéal a déjà été ébauché sur la terre : c'était l'ancienne Turquie.

Là régnait l'harmonie sous le nom de silence, et l'égalité sous le nom de servitude. Là, dans les harems, habitait la volupté. Nous avons de beaux germes de tout cela. Mais la liberté, où la placerons-nous ? — « Nous avons l'imprimerie, dit Coquelet; je me fie à l'avenir.

« Si, peut-être, en ce moment, le genre humain paraît loin de la liberté et se montre assez tiède pour elle, c'est l'effet des époques de transition. Là-dessus nos plus grands publicistes sont d'accord. Mais laissez faire, homme de peu de foi, laissez faire. Un jour le lion s'éveillera,

« Et d'un seul rugissement il brisera les barreaux de sa cage ! »—Ainsi soit-il, Coquelet! Ce que vous dites là s'est-il quelquefois vérifié au jardin des plantes ? J'honore assez médiocrement le lion. Ce bel animal craint la trique, il aime la pâtée.

Oui, les lions de Babylone ont respecté Daniel innocent, et deux lions d'Afrique ont creusé dans le sable une fosse pour saint Paul du désert; oui, plus d'une fois dans le cirque, les lions caressants se sont couchés aux pieds sanglants des martyrs. Il y avait pour cela des raisons étrangères au caractère de la bête; mais je crois que le lion d'Androclès

A mangé Androclès. Je crois que tous les lions civilisés constitués en assemblée délibérante dans la même cage, voteraient des barreaux de plus à la cage, et muniraient de triques neuves leurs gardiens, afin d'obtenir chacun un morceau d'Androclès, quand même Androclès aurait tiré cent épines de la patte de chacun.

Voilà mon idée sur le lion.

« Valence, dix minutes d'arrêt! » A Valence, pour le voyageur du Nord, commence un autre ciel. L'horizon se dégage de ses vapeurs grises, les collines se dessinent dans un azur plus franc, des bouquets d'oliviers apparaissent sur les roches brûlées; voici les premiers sourires de la rieuse lumière : elle rit aux murs blancs des enclos et aux tuiles rouges des maisons.

Cet aspect séduit la gravité de Coquelet. Il étend la main et il s'écrie : *Italiam! Italiam!* — Quoi, mon ami, déjà un coup de soleil! Je vous félicite de trouver encore quelque chose de beau dans les vieilleries de la création, quelque chose d'aimable hors de l'asphalte et des rues alignées. Vous n'êtes pas mort, cela me fait plaisir.

Le soleil est beau! Et là où la terre, baignée d'azur, sourit aux caresses d'un soleil brillant, là est la plus grande beauté. Rome est un pays de soleil et d'azur. Il ne fallait pas au Pape l'azur de l'Orient; il ne pouvait habiter sous cette implacable beauté d'un soleil qui brûle et d'un ciel sans nuages. Il lui fallait cette zone d'abondante lumière et de chaleur mesurée, où l'homme des sables et l'homme des neiges retrouvent également leur plus clémente saison.

———

A Valence, en 1799, mourut Pie VI, prisonnier. Les geôliers plombèrent le cercueil, et ils dirent : *C'est le dernier Pape*. Cette parole avait été prononcée souvent; elle a été répétée depuis, on la dit encore. Quand Pie VI mourut, il n'y avait plus de prêtres en France; — mais Pie IX était né.

Allez! allez! creusez des fosses profondes, et descendez-y des cercueils plombés, et mettez encore vos sceaux sur la pierre, et placez vos gardes autour: les berceaux sont pleins. Veillez auprès des berceaux : vous n'empêcherez pas la goutte d'eau du baptême de tomber sur le front de l'enfant. Cet enfant baptisé grandira; il aura besoin de Dieu.

Un jour, quelque bourreau lui racontera le *Credo*, qui aura jailli sur lui avec le sang d'un martyr. A cet enfant qui cherche Dieu, il dira que Dieu est dans un tombeau scellé, mais que la mort ne saurait garder une telle proie. Et cet enfant alors deviendra un homme, et il ira invinciblement par le monde, criant : Mon Dieu! mon père!

Ce sera véritablement le cri, le rugissement terrible qui rompra les portes de la mort. La terre frémira. Une voix sortira des catacombes, qui dira : Mon fils! Et l'amour sera vainqueur, et les tombeaux enfanteront.

III

UNE AUTRE TÉLÉGRAPHIE.

Une petite halte dans un lieu désert nous permit d'entendre l'Angelus de midi. Le vent nous l'apportait d'un clocher caché à nos regards. Une femme et un enfant qui regardaient les waggons passer, firent le signe de la croix et récitèrent la Salutation angélique.

— « Pourquoi font-ils le signe de la croix en nous voyant passer, demanda Coquelet ; est-ce le train ou nous-mêmes qu'ils prennent pour le diable? » — Ni le train, ni moi, ni vous-même, Coquelet, tout plein de malice que vous êtes. Cette femme et cet enfant ne songent point au diable, ils songent à Dieu.

Ils ont entendu l'Angelus et ils prient. Écoutez ces sons nobles et doux : c'est la langue télégraphique de l'Église, inventée dès longtemps, et que tout le peuple chrétien connaît. — Que dit-elle? demanda Coquelet. — Elle dit une chose infiniment au-dessus de vous et de tout l'Institut, mais que ces petits, grâce à Dieu, comprennent encore.

Elle dit que l'ange du Seigneur annonça à Marie qu'elle deviendrait la mère du Sauveur du monde ; que Marie répondit à l'ange : Qu'il soit fait suivant la volonté du Seigneur, je suis sa servante; que Marie conçut par l'opération du Saint-Esprit; que le Verbe de Dieu se fit chair et habita parmi nous.

A ce récit divin, à cette profession de foi, la cloche ajoute la prière de l'Église : « O Marie, mère de Dieu, priez pour nous pauvres pécheurs ; priez pour nous maintenant et à l'heure de notre mort. » C'est là ce que disent ces pauvres gens avec la cloche. — Le Verbe de Dieu s'est fait chair, et il a habité parmi nous !

Jadis, Coquelet, sur les seules terres de la domination de saint Louis, roi de France et suzerain d'Angleterre, quinze cent mille clochers s'élevaient vers le ciel, couronnés de la croix de Jésus. Un homme ne pouvait pas lever les yeux sans voir le signe de la rédemption. — Le Verbe fait chair a habité parmi nous, et il est mort pour nous !

Dans ces clochers, presqu'à toute heure du jour et de la nuit, chantait la prière. La prière avait des accents particuliers pour chaque office. On sonnait au sacrifice du matin et aux louanges du soir. — Le Verbe de Dieu s'est fait chair, il est mort pour nous racheter ; il nous a aimés jusqu'à la mort, jusqu'à la mort de la croix !

Cette voix harmonieuse de la prière courait les champs, gravissait les montagnes, descendait dans les vallons cachés, pénétrait dans les forêts profondes, dominait tous les bruits humains. Voix de consolation, voix d'espérance, voix d'amour, voix de salut. — Il nous a aimés, Il nous a pardonnés, Il est mort pour nous acquérir, Il règne sur nous !

Elle parlait sans cesse, on l'entendait partout. Sans cesse et partout elle convoquait les hommes à s'unir par les mêmes vœux dans le même amour. Elle leur rappelait qu'ils étaient des rois, des fils de Dieu, cohéritiers du ciel, et que le ciel est la récompense de la foi, de l'espérance et de la charité. — Marie, mère de Dieu, priez pour nous pécheurs !

La grande voix ne dédaignait pas de parler des

hommes après avoir parlé de Dieu. Elle annonçait le baptême, le mariage et la mort; elle demandait aux hommes des prières pour un de leurs frères qui entrait dans la vie, ou qui allait paraître au jugement; elle leur demandait des prières pour les époux. La famille humaine alors ne connaissait pas les isolés et les parias.

Ainsi cette télégraphie mélodieuse courait l'espace et emplissait les airs, mettant les hommes en communication avec eux-mêmes et avec Dieu, et les entretenant des plus hauts mystères et des plus saintes pensées. Elle parlait de Dieu à toute la terre, et par elle toute la terre parlait à Dieu. Elle le fait encore, et les pauvres et les ignorants comprennent encore; mais les riches et les savants n'entendent plus.

J'ignore où furent inventées les cloches, mais un pape en répandit et en sanctifia l'usage. C'est Rome qui nous a donné cette voix harmonieuse et son langage divin. C'est elle qui baptisa les cloches, qui leur conféra un sacrement pour que la prière tombât du ciel sur les âmes comme une ondée sonore de bénédictions.

O Rome, mère de vertu, mère de lumière et d'espérance, mère aussi de toute douceur, de toute joie et de toute poésie! O Rome, inspirée de Dieu pour combler de fortifiantes délices la misère du cœur de l'homme!

Et la cloche engendra le clocher. Pour ces oiseaux

de bronze dont le chant savant et délicieux remplissait l'étendue, l'art créa ces cages merveilleuses qui s'élancent dans le ciel. La pierre prit des ailes et s'envola tout en fleurs vers les nuages, afin de servir de trône à la croix, et l'œil fut aussi charmé que l'oreille, et ce fut la joie de l'esprit et du cœur.

Or, cet ensemble de prodiges, cette cage aérienne de la prière ailée, ce trône de la croix libératrice, ce chef-d'œuvre du grand art et de la grande science unis pour adorer Dieu, l'ai-je assez défini et caractérisé? Non, il était quelque chose encore avec tout cela : il était par-dessus tout le monument de la reconnaissance et de l'amour.

Il attestait que le genre humain avait été sauvé par Jésus-Christ, qu'il le savait, et qu'il voulait appartenir à Jésus-Christ. Jésus-Christ a combattu pour nous délivrer de l'enfer, Jésus-Christ a vaincu : qu'Il règne et qu'Il commande, et qu'Il nous défende, nous son peuple, de tout mal et de toute tyrannie!

Que sa chair, qui s'est communiquée à nous, soutienne nos âmes contre les faiblesses de notre chair; qu'elle nous préserve des lâchetés qui nous précipitent sous le joug du démon, et qui nous rendent esclaves de ceux qui font les œuvres de Satan; que nous mourions fidèles à Dieu, plutôt que de vivre pour obéir à l'homme contre Dieu!

Ainsi le monument de la reconnaissance et de

l'amour était en même temps un monument de la liberté, et telles étaient les pensées que la cloche et le clocher portaient avec une rapidité supérieure à celle de la foudre. Ainsi la télégraphie de l'Église disait des choses que ne diront jamais les poteaux ignobles et sourds de la télégraphie électrique.

Quelle parole court en ce moment sur le fil de fer? Si j'étais un homme dont la police daignât s'occuper (mais dans l'avenir, de qui ne s'occupera-t-elle pas?), et s'il déplaisait à cette police que j'allasse à Rome, deux gendarmes m'attendraient à la prochaine station, et mon pèlerinage serait fini. Supposez le télégraphe aux mains de Tibère.

Peut-être qu'il a paru ce matin un article de Boniface; nous le saurons aussitôt qu'arrivés. Voilà le côté flatteur de l'invention. Je n'y suis pas insensible, et je conçois l'allégresse et l'orgueil que la civilisation en ressent. Les ouvriers du port de Marseille et les cultivateurs d'alentour reçoivent la substance des journaux de Paris le jour même! O bonheur!

Je regrette seulement que le bruit des usines et le tapage des journaux ne permettent plus aux peuples de savoir que le Verbe s'est fait chair et qu'il a habité parmi nous, et que les fils du Christ sont nés pour être enfants de lumière et de liberté.

IV

DE PÉTRARQUE.

Voici les beaux murs crénelés d'Avignon. Il y avait avec nous une chrétienne. Déjà toute à Rome, elle n'avait guère fait que prier et savourer son bonheur. Au nom d'Avignon, elle me dit : — Ici la Papauté fut captive. En même temps Coquelet lui disait : — Madame, ici Pétrarque soupira.

Non, madame. Non, Coquelet. Ce que l'on vit ici, madame, grâce à Dieu, c'est que la Papauté ne saurait être captive. — Et vous, Coquelet attendri, ce n'est pas Avignon qui fut le lieu des soupirs de Pétrarque, ni Carpentras, ni aucun autre lieu. Car le Pétrarque rima, mais ne soupira point.

Il est vrai, madame, que le Pape fut amené ici, pas tout à fait de bon gré, par les intrigues de Philippe le Bel, un affreux sire! Tenant le Pape, ce roi crut bien tenir la Papauté, il crut bien qu'il allait se servir d'elle. Le beau roi Philippe tomba de cheval et mourut; sa dynastie tourna mal.

Pétrarque n'est pas ce que je connais de plus aimable. Il a fait beaucoup de vers latins. Il était archidiacre et chanoine lorsqu'il chantait Laure; il possédait plusieurs bénéfices lorsqu'il déclamait contre l'avidité des gens d'Église. Il critiquait le Pape et il admirait Cola de Renzi.

Les Papes d'Avignon furent de vaillants papes; tous ont fait de grandes choses. A demi prisonniers, ils ne laissèrent pas la couronne temporelle tomber de leur front et gouvernèrent l'Église avec une vigueur que la durée des tempêtes ne découragea point. Ils affirmèrent partout le droit de la Papauté, le firent partout prévaloir.

Lorsque les Papes conduisaient l'esprit humain, Pétrarque, tout en même temps, invectivait contre les religieux et répandait sonnets sur sonnets en l'honneur de la beauté de Laure. Et Laure avait déjà onze enfants, — onze! — et n'était plus belle. Si la chère dame prenait plaisir à ces sonnets, cela lui fait moins d'honneur que ses onze enfants.

Les Papes d'Avignon instituaient des universités malgré les princes et malgré les villes, et donnaient aux professeurs le droit d'enseigner partout; ils créaient des évêchés, confirmaient des droits injustement contestés, faisaient élire des empereurs; ils publiaient des croisades à l'intérieur et à l'extérieur de l'Europe.

Avez-vous, Coquelet, fréquenté les *Rime del Petrarca*? J'ai exploré les *Sonnetti*, les *Canzone* et *Il*

Trionfo d'amore. Vingt degrés de froid partout ! Ce chanoine amoureux n'était pas plus amoureux que chanoine. Il était latiniste, voilà son cas ; et il avait une pente forte au calembour.

Clément V ordonna de fonder dans toute l'Europe des écoles de langues orientales. Si l'on avait laissé résoudre la question d'Orient par les Papes, elle ne nous embarrasserait pas tant aujourd'hui. Les Papes auraient détruit l'islamisme en l'abordant avec l'esprit en même temps qu'avec le fer.

Ce Clément V a publié les *Clémentines*, corps de droit ecclésiastique, de doctrine et de discipline, acte de législation suprême ; et il lutta contre la dureté séculière qui refusait les secours spirituels aux criminels condamnés à mort. Si l'on avait laissé les Papes régler le droit, il y a longtemps que la peine de mort n'affligerait plus les codes chrétiens.

Jean XXII commença la lutte contre Louis V de Bavière, un des Piémontais du quatorzième siècle, car chaque siècle a eu ses Piémontais ! Benoît XII réforma l'ordre de Citeaux ; Innocent VI publia la croisade contre les routiers, dont Urbain V délivra la France. Urbain V réforma le luxe et mourut en odeur de sainteté ; Grégoire XI rentra dans Rome.

Messer Pétrarque, ayant triomphé dans Rome à titre d'empereur des syllabes latines, courut l'Italie, faisant des affaires et des vers. Il avait cru que le ridicule Renzi, le Garibaldi du moment, régénérait Rome et le monde. Un peu vieilli, un peu plus sage, il donna quantité de prose. On y trouve assez de platitudes.

Si vous preniez la peine de lire la prose des Papes, c'est ce que vous n'y rencontreriez jamais. Leurs bulles, brefs, encycliques, allocutions et instructions posent d'une autre façon la doctrine, corrigent autrement les vices, redressent autrement les erreurs, et tout est d'une autre conséquence pour la bonne direction de l'humanité.

En somme, les Papes furent amenés à Avignon par un dessein de Dieu, qui ne devint visible que plus tard. Alors furent punies et purgées Rome et l'Italie, où depuis des siècles les Papes ne cessaient pas d'être tourmentés et persécutés, errants de ville en ville, captifs jusque dans Rome. Dieu les ramena plus rois qu'ils n'étaient sortis.

Durant l'exil d'Avignon, l'insolence des grandes maisons romaines fut abattue, et il n'y eut plus dans l'intérieur de la ville aucune forteresse élevée contre le Vatican. Rome devint enfin le domaine incontesté des Pontifes. Elle était en ruine, ils la rebâtirent, ils y firent régner la liberté, la justice et la paix.

En cette longue et terrible période, Dieu montra ce qu'il est pour son Église. Non-seulement Il lui conserva son esprit, mais Il lui prêta son bras.

Il multiplia les miracles. L'interrègne matériel fut de soixante-dix ans ; le règne spirituel ne fut pas interrompu un seul jour.

Après soixante-dix ans, le règne temporel fut rétabli, non par la politique du Pontife qui siégeait dans l'exil, mais en quelque sorte malgré lui. Pour le ramener, pour le contraindre à rentrer, Dieu suscita des saints. Quels saints? Des docteurs, des guerriers? Non ; des femmes.

Une femme étrangère à l'Italie, une petite princesse du Nord encore à demi sauvage, Brigitte de Suède, réfugiée dans une obscure habitation de Rome, écrivait au Pape de la part de Dieu et le pressait de revenir. Une autre femme, Catherine, fille d'un pauvre artisan de Sienne, alla le prendre par la main.

Ce fut cette humble Catherine, jeune et sans connaissance de lettres humaines, qui remua l'Italie pour le Pontife exilé, qui fraya le chemin, qui écarta les obstacles, qui contraignit le Pape de se mettre en route et qui accomplit enfin, à force de miracles, une restauration sur laquelle on ne comptait plus.

Si l'on veut voir les misères de l'homme, il y en a partout, il y en eut à Avignon. Les misères de l'homme font resplendir les merveilles et les miséricordes de Dieu. C'est là ce qu'il faut voir et admirer, jusque dans le cœur misérable de l'homme faible et pécheur.

Les Papes d'Avignon semblèrent quelquefois enclins à oublier Rome. Ils obéirent à Dieu, qui ne le permettait pas. Ils écoutèrent humblement la voix des saints. Ils étaient indulgents pour Pétrarque qui leur disait des injures; ils pleuraient à la voix des saints qui leur parlaient de leurs devoirs.

V

LA RAISON DU TEMPS.

Un homme à la physionomie intelligente et vive témoignait une sorte d'impatience polie. Je crus qu'il voulait argumenter en faveur de Pétrarque, à quoi ils s'escriment volontiers dans les alentours de Vaucluse. Je le regardai de cet œil qui signifie qu'on écoute. « — Messieurs, dit-il, mille pardons!

« Vos observations sont pleines d'intérêt; mais elles vous empêchent d'admirer les richesses de notre pays. Vous excuserez que je sois jaloux des beautés et des gloires de la Provence. L'un de vous, messieurs, tient pour Pétrarque, l'autre pour les Papes; permettez que je vous mette d'accord : voyez ces magnifiques amandiers?

« Que ce petit arbre est précieux! Tous les ans nous

exportons des quantités considérables d'amandes en Amérique, Angleterre, Allemagne et Pays-Bas. Elles aident à boire ; c'est la providence des vins de Bordeaux. Chez les peuples qui boivent, la table est un des beaux meubles de la maison ; elle est vaste, solide, en bois de prix, je dirais volontiers qu'elle est l'autel domestique.

« Or, messieurs, notre temps me paraît plus heureux et plus sage que ces temps anciens qui ne produisaient que des théologiens et des poëtes. Il produit des jouissances pour tout le monde. Grâce à la facilité des communications, l'Américain boit du vin de Bordeaux en mangeant des amandes, et son or permet à nos paysans de prendre du papier.

« Je conclus que nous n'avons plus besoin de Papes, ni de poëtes. La liberté des transactions commerciales, politiques, morales, la liberté de toutes les transactions, voilà ce qu'il nous faut. Que chacun se puisse enrichir, que chacun se fabrique sa religion et sa poésie. Ainsi veut la pensée du dix-neuvième siècle ; aucune force du passé ne biffera ce décret de l'avenir. — Messieurs, j'ai bien l'honneur de vous saluer ! »

Comme il disait ces mots, le train s'arrêta ; il sauta dehors et disparut. A mesure qu'il parlait, un masque avait semblé se déchirer sur son visage. De poli et intelligent, il était devenu sardonique, puis furieux, puis bête. Nous le crûmes juif ; on nous dit qu'il était saint-simonien, très-enrichi et très-malheureux.

Il vient de se bâtir un château qui a coûté quinze cent mille francs, et il s'est marié à moins que sa cuisinière. Beaucoup de millions, beaucoup de savoir-faire, beaucoup de crédit : une seule chose manque, un peu de considération. Mais cela ne se bâtit point comme un château, ne s'épouse point comme une cuisinière, ne s'achète point pour la bagatelle de quinze cent mille francs.

Une civilisation dans laquelle toute puissance est donnée aux fortunes mal faites verra de terribles aventures. Ces enrichis, qui sont à la fois des maîtres par leur fortune et des bannis par leurs mœurs, veulent être honorés et ne veulent pas prendre la peine d'être honorables. Ils s'attacheront à bouleverser tout et à changer la morale, afin qu'on les respecte en dépit de leurs mœurs.

VI

DESTRUCTION.

Nous trouvons Marseille en plein soleil, en pleine régénération, en pleine poussière. On la démolit et on la rebâtit. On démolit les rues, et on les reconstruit sur l'emplacement des montagnes démolies et jetées dans la mer ; on démolit les rochers, et on les rebâtit en bastides et en châteaux ; on démolit la vieille cathédrale et on la rebâtit sur des magasins ; on démolit Notre-Dame de la Garde, et on la relève à côté, plus vaste et plus riche. Marseille nous fait voir la fourmilière humaine dans sa fièvre d'activité.

Mille portefaix chargent et déchargent des centaines de navires porteurs de toutes les denrées de la terre et de tous les produits de l'industrie. Mille voyageurs arrivent de tous les horizons, mille voyageurs partent pour toutes les directions. Les vaisseaux glissent au loin sur la mer, les waggons courent au loin sur les flancs des coteaux, s'engouffrent dans les tunnels béants, reparaissent et fuient. Vous entendez parler toutes les langues, tonner, grincer, éclater tous les bruits. Vous voyez les collines crouler et s'éparpiller en poussière, vous voyez germer et monter les hautes maisons. Le grand portefaix de Marseille, la mer, apporte les pierres toutes taillées de ces maisons nouvelles ; elle emporte toutes faites des maisons de bois et de fer pour Samarcande, Trébizonde et Honolulu.

L'homme se hâte, s'agite..., on n'ose ajouter : Dieu le mène. Et Dieu le mène pourtant ; mais qu'il y paraît peu ! Ce petit être haletant, chargé de fardeaux, ruisselant de sueur, comme il semble plus petit à côté de ces gigantesques machines qu'il gouvenue, plus pauvre au milieu des richesses qu'il remue, plus fragile devant les monuments qu'il édifie! Dans la montagne, un pâtre entouré de ses bestiaux obéissants; dans la plaine, un laboureur la main sur sa charrue; dans la forêt, un bûcheron attaquant la force du chêne, apparaissent comme les maîtres du monde. Et ne le sont-ils pas?

Ne sont-ils pas dans leur domaine, n'exercent-ils pas leur royauté sur la terre et sur les créatures? Les grands bestiaux se soumettent à la voix du pâtre : une petite bergère, sa quenouille à la main, assise sous la voûte du ciel, à l'ombre d'un buisson, parmi les fleurs, d'un geste fait aller et venir les bœufs et les taureaux mugissants, d'un regard peut rencontrer le regard de Dieu. Le bûcheron a choisi la place où il fera tomber l'orgueil du chêne : assis sur le géant abattu, il essuie sa sueur, et mange à loisir son pain; et l'oiseau chante, et l'Angelus traversant les airs lui rappelle qu'il est le fils adoptif de Marie mère de Dieu. Le laboureur ouvre le sein de la terre, afin qu'elle soit prête à lui rendre au centuple le grain de blé qu'il lui confiera bientôt.

Dans ce vacarme de la ville, en vain l'Angelus s'envole des clochers : il n'est pas entendu; s'il arrive à l'oreille de l'homme, il n'est pas compris. Dans cette poussière, sur ce pavé brûlant, l'homme ne fait pas une œuvre qui soit de lui, ni qui soit à lui, ni qui lui donne une joie, ni qui lui laisse un souvenir. Il n'est plus le berger, il est le bétail; il n'est plus l'ouvrier, pas même l'outil, il n'est que la parcelle insignifiante et invisible d'un outil immense. Il n'est pas le laboureur qui conduit la charrue, il n'est que le bœuf qui la tire, pressé de l'aiguillon, sans savoir ce qu'il fait; mais sous le pied du bœuf la terre est douce, et l'air salubre des champs rafraîchit ses naseaux enflammés.

Brises légères des campagnes, mélodieux courants d'âpres et saines senteurs, silence de midi, belles harmonies d'ombre et de lumière, de chansons de pâtres et de chansons d'oiseaux, dignité du repos de l'homme, consolations de sa sueur, oh! que vous êtes loin d'ici!

Un jour, sur les bords de la Corrèze, l'Évêque de Tulle fit rencontre d'un vieux paysan courbé sous un faix de bois mort. Après qu'ils eurent causé, le paysan dit à l'Évêque : « Puisque Dieu a voulu que j'eusse ce bonheur de vous trouver en mon chemin, je vous adresserai la parole que Jacob dit à l'Ange : Je ne vous laisserai point partir que vous ne m'ayez donné votre bénédiction. » Et l'Évêque, ayant béni le pauvre qui s'éloignait, le suivit du même regard dont il eût salué le Patriarche lui-même. O clartés qui environnez d'un diadème de gloire et de joie le front du pauvre, et qui l'avertissez de la présence des anges sur son chemin, que vous êtes loin d'ici!

Ici les fronts sont chargés de fardeaux, quand ce

ne sont pas les épaules. Les riches comme les pauvres courent, sont affairés. Ils ont tous l'air de faire des commissions. Ils en font véritablement. Ces banquiers, ces riches négociants qui causent sur le seuil de la Bourse, roulant des cigarettes dans leurs doigts, roulent en même temps, à grand effort, des millions dans leur esprit. « — Et, me disait l'un d'eux, ce sont là de lourdes barriques. Combien de fois je les ai roulées encore au milieu de mon sommeil!

« Que de nuits horriblement lentes, durant lesquelles j'ai vu l'infâme barrique dégringoler du lieu où je l'avais montée, passer sur moi, m'écraser, écraser de ses bonds furieux mes navires, mes comptoirs, ma maison, et enfin se rompre pour remplir d'or les poches de mes concurrents. Repos! repos! repos! J'ai souhaité le repos jusqu'à désirer la ruine, si je ne pouvais trouver le repos que sous mes propres débris. »

———

Cette ville en décombres et en chantiers, et tout ce mouvement du port et de la mer qui nous avaient d'abord charmés sous ce soleil éclatant, nous attristèrent bientôt. Il y avait là trop de gens de peine, trop de sueurs mercenaires, trop de pauvres membres fatigués et de visages abrutis. Je me rappelai un mot de Voltaire. Il a dit quelque part : *Le travail est mon Dieu.* Mot dur pour l'humanité et vraiment infernal, comme tant d'autres qui sont sortis de cette bouche insolente.

Le travail est une punition, mais que Dieu avait infligée d'un cœur de père, et qui demeurait pleine de ménagements, de consolations et d'honneur. Le travail érigé en Dieu, devenu Dieu à la place de Dieu, c'est Moloch : il se fait offrir des victimes humaines. Pour un vil salaire qu'il jette à l'homme, il lui prend son Dieu, il lui prend son âme, il lui prend enfin sa chair même, et il la meurtrit, la broie et l'insulte. Si l'homme ne peut pas se dire : Dieu a vu le travail de mes mains, que reste-t-il à l'homme de tout le travail qu'il fait sous le soleil ?

L'ami qui nous conduisait dans Marseille nous dit : Je ne veux pas gémir sans cesse sur le spectacle du monde, ni maudire les œuvres étranges de ce temps et annoncer qu'il n'en résultera nul bien.

Dieu agit pour ses enfants et pour sa gloire par les mains de ses ennemis eux-mêmes. Il prépare ainsi des choses que j'ignore et qu'ignorent plus encore ceux qui les font, puisqu'ils nient la Providence et jusqu'à l'existence de Dieu.

Dans ce tourbillon qui remue toutes choses, qui arrache les hommes et déplante les populations comme il rase les maisons et déplace les villes, il y a du mal en abondance; pourtant l'œil fidèle y découvre aussi du bien.

Je vois que les navires emportent toujours plus de missionnaires. Quelquefois c'est toute une église qui part : l'évêque, les prêtres, les diacres, et ces saintes femmes, ces vierges à qui ne suffisent plus les austérités du voile et qui réclament les labeurs de l'apostolat.

L'ardeur des pèlerinages se ranime pour la Palestine, le chemin de Rome est plus parcouru qu'il ne fut jamais. Qui sait ce qui nous revient chaque jour de la lumière de Pierre et du tombeau de Jésus-Christ ?

Oui, c'est une chose amère de n'avoir plus sous les pieds qu'un sol mobile et fuyant; de voir autour de soi tout crouler, se transformer, disparaître ; d'être désormais au milieu de la patrie un exilé qui ne reverra jamais la patrie, car elle n'est plus !

J'erre dans ma ville natale, que je n'ai jamais quittée, et je ne la retrouve pas. On a changé de place les autels et déménagé les tombes. On m'a ôté mon foyer ; la voie publique passe sur la maison où mourut mon père, où naquirent mes enfants.

On a fait sauter les rochers, on a rasé, creusé, bouleversé la campagne ; on a pavé les champs où je cueillais des fleurs ; je ne vois plus rien de tout ce que mes yeux ont aimé; rien ne reste plus de tous ces traits qui étaient le visage charmant de la patrie.

Des nouveaux venus remplissent cette ville nouvelle. Ce n'est plus le même peuple. Les traditions sont rompues, la langue a changé. Plus d'opinions communes, plus de commun sentiment; les freins de police ont remplacé l'esprit de cité. Au lieu des patriciens qui dirigeaient, des employés qui commandent.

Et cela est ainsi partout. Quelle ville est à l'abri d'un décret ou d'une spéculation, d'un ordre de la force ou d'une tentation de la cupidité? Quelqu'un viendra demain qui dira aux anciens de cette ville : Vendez vos maisons, vos églises, vos cimetières, et allez-vous-en.

Certes, il se fait un monde nouveau! Et le Français sera bientôt plus nouveau et plus artificiellement établi sur son sol illustre que l'Américain sur sa terre sans passé. Qu'adviendra-t-il de là? que résultera-t-il de cette peste d'abjuration qui nous dissout en poussière ?

Quel vent soulèvera cette poussière? Dans quel moule sera-t-elle jetée, de quelle eau ou de quel sang mouillée, de quelles mains pétrie, afin qu'elle redevienne chose solide? Il y a sur la terre un vent de mort et un fleuve de vie.

Le vent de mort remue incessamment les peuples, comme le vent du désert remue incessamment les sables pour les rendre perpétuellement inféconds. Il s'appelle l'esprit moderne, il s'est appelé le protestantisme, il a été de tout temps l'hérésie. Il est le mensonge de Satan, murmuré à l'orgueil crédule de l'homme le lendemain de la création.

Le fleuve de vie a coulé mystérieusement dans le monde comme la promesse et la vérité de Dieu. Grossi du sang d'Abel, à travers la terre dominée par les fils de Caïn, il a porté la tente des patriarches; il s'est retrouvé pur quand les eaux du déluge ont été taries.

Il a porté Moïse; il s'est répandu dans le désert; il s'est caché sous les voiles du temple et enfoui comme l'arche; puis, avec le sang du véritable Abel, il a jailli du sommet du Golgotha, pour couler désormais sans mystère.

Nous savons le nom du fleuve de vie; nous savons quel canal le porte du Golgotha, sa source profonde, au Vatican, d'où il s'épanche à jamais; et nous avons vu ce qu'il a fait sur la terre, où la postérité de Caïn, toujours puissante, a vainement essayé de le tarir.

C'est lui qui, circulant à travers les poussières dispersées par le vent de mort, leur communiquera la stabilité et leur rendra la fécondité. Nos enfants salueront ce miracle.

Nous voyons tout mourir, ils verront tout renaître; et la foi dont les remplira cette merveille remplacera par des œuvres plus grandes celles qui périssent aujourd'hui pour notre châtiment.

VII

COQUELET.

Dès que nous eûmes le pied sur le bateau à vapeur, Coquelet reprit le chapitre des triomphes de la science moderne. Il déclara qu'il se moquait de l'ancien Éole et du vieux Neptune; qu'il se sentait maître désormais des vents et des flots comme de la terre; qu'il n'y a plus de distances, etc.

Si tu veux voir Coquelet des yeux de ton corps, lecteur, je te donne ce signe : l'inconnu qui n'attendra pas trois minutes pour t'apprendre « qu'il n'y a plus de distances, » c'est Coquelet. Pousse-le un peu ; il te dira que Joseph de Maistre fait reposer tout l'édifice social sur le bourreau.

Tu trouveras Coquelet fort satisfait de lui-même. Il lit assidûment la *Revue des Deux Mondes*, et il sait tout. Il s'estime bien au-dessus de Charlemagne et de Bossuet, et du Dieu qu'ils ont adoré. Ce n'est pas qu'il méprise Charlemagne et Bossuet : ils ont été ce que l'on pouvait être de leur temps...; seulement ils ne sont pas venus à temps.

Coquelet n'est point impie ; il croit en Dieu, mais

non pas à l'ancien Dieu des ci-devant grands hommes. Le Dieu de Coquelet est le Dieu que la science moderne vient de compléter, de perfectionner, de refaire. Dieu vraiment bon, qui n'exige pas de culte et qui nous a préparé un paradis en ce monde.

L'antique paradis des chrétiens, Coquelet prétend ne l'avoir jamais pu comprendre. Ce paradis est contraire à la nature, Coquelet n'en veut pas. Il croit à un autre paradis, où nous allons. Quel paradis? Pourquoi n'y sommes-nous pas? Combien de stations avant d'arriver? Mystères. Il y a aussi des mystères dans la religion de Coquelet.

Mais ce paradis terrestre existe certainement. Saint-Simon et Fourier l'ont pressenti; Michel Chevalier l'a vu, étant en extase; Jean Raynaud pourrait le décrire; Jules Simon y sera prêtre; la vapeur nous en ouvrira les portes. Tel est le ferme espoir de Coquelet.

Alors la terre regorgera de délices; alors la justice, la liberté, l'égalité régneront sur les débris de toutes les entraves, religieuses et autres; alors tout le monde aura bonne table et bon appétit; alors l'homme cessera probablement d'être sujet de la mort; alors on possédera des topiques contre le mal de mer et contre le mal de dents.

Enfin, le genre humain abordera au pays de Cocagne. Car, tout bien examiné et tiré au clair, voilà le fond des promesses de la science nouvelle et des aspirations de Coquelet. La science nouvelle et Coquelet suppriment les difficultés qui semaient le chemin du paradis catholique; cependant il faut un paradis.

C'est chose effrayante, la quantité de gens en ce monde qui s'apparaissent juste au niveau de tout ce que l'on peut lire de plus bas, et qui traversent les chemins de la vie en récitant du Buloz et du Havin, sans presque changer le style. Et toutefois la nature humaine persiste : il faut un paradis.

Ils sont émerveillés d'eux-mêmes et du temps; ils trouvent qu'on leur a fait le monde très-beau et très-aimable. Mais ils veulent un paradis, un monde surnaturel, purgé de toute angoisse et de toute horreur; un lieu d'ordre, de repos, de paix; un idéal de joie.

En vain la locomotion, la politique, le théâtre et le reste sont à la portée de tout le monde; en vain toutes les rues sont munies de trottoirs et le gaz est allumé partout; en vain tout est foule et devient pire : on n'est pas bien, on ne voit pas clair, on s'ennuie : le besoin d'un paradis se fait sentir!

J'avais quelque envie d'argumenter Coquelet sur ce sens qui le tourmente. Mais l'heureux élu du paradis futur était en proie à deux soucis : le vent sifflait un air de danse qui rendait le capitaine sérieux, et Coquelet, alarmé, souffrait du mal de mer comme s'il n'avait pas appartenu à l'humanité régénérée.

VIII

LA PATRONNE.

Notre capitaine était un homme de brave mine, robuste et doux. Il commandait sans laisser échapper un blasphème; il recevait le contre-temps sans donner aucun signe d'impatience. Dans sa cabine, il y avait une image de la sainte Vierge.

« — Capitaine, que dites-vous de ce temps ? — C'est un chien de temps, et qui tiendra. Nous danserons! Peut-être même que la danse nous forcera d'arrêter en route. Mais, rassurez-vous : le bateau est bon et le capitaine a du bonheur. J'ai cinquante années d'âge et cinquante années de mer, étant né en bateau.

« J'ai navigué toute ma vie; il ne m'est jamais arrivé de gros accident sur la route de Rome; et des autres routes, je m'en suis tiré. — Capitaine, j'ai vu dans votre cabine l'image d'une certaine Dame. Est-elle la patronne du bâtiment? » Il se mit à sourire.

« — La Compagnie des Messageries impériales n'a point de patronne : le bâtiment est baptisé sous le nom de *Lycurgue;* connaissez-vous ce saint-là?

Mais la Dame dont vous parlez est ma patronne à moi. — Capitaine, est-elle votre patronne depuis longtemps?

« — Depuis un certain jour, déjà éloigné, mais encore frais dans ma mémoire, où je vis de près le fond de la mer, moi et quelques autres, qui ne regardions pas le ciel souvent; j'entends le ciel où se tient le bon Dieu. Sans espoir de toucher de terre, nous nous trouvâmes plus dévots que nous ne pensions : nous fîmes vœu à Notre-Dame de la Garde.

« Aussitôt elle nous donna la remorque. Nous rentrâmes au port, comme menés par la main. Nous avons acquitté notre vœu en chemise et pieds nus, chantant les litanies. La bonne Vierge a bien fait les choses. Quelque temps après, elle m'a donné ma femme; ma femme m'a donné ma fille.

« Ma femme et ma fille prient pour moi. Devant Notre-Dame de la Garde, elles sont de faction; leurs prières brûlent comme deux cierges de cire très-blanche et très-pure. Elles demandent à la bonne Vierge que je meure dans mon lit, en bon état, bien confessé.

« Elles font valoir que nous aurons été assez séparés sur cette terre pour ne l'être pas durant l'éternité. Je compte que Dieu leur donnera ce qu'elles demandent; je compte que ma fille me fermera les yeux et ensevelira mon pauvre corps. Ainsi, rentrez dans votre cabine, et dormez aussi tranquille que moi. »

IX

DISGRACES EN MER.

Nous relâchâmes à Briançon, à Gênes, à Porto San Stefano, et je ne sais où encore. Nous en eûmes pour huit jours. Depuis les voyages de Télémaque, fils d'Ulysse, à peine a-t-on entendu parler de plus d'infortunes. La science n'y pouvait rien ; il eût fallu changer le vent. Coquelet paraissait humilié.

— Consolez-vous, Coquelet. Ces traverses nous prouvent que Dieu est resté quelque chose dans le monde, qu'il commande toujours au vent et à la mer, que nous n'arrivons nulle part sans sa permission. Cela est bon à savoir ; et si vous parveniez à savoir cela, vous sauriez beaucoup.

Mon pauvre stupide Coquelet ! Il a pourtant du bon. Je l'ai trouvé sérieux et sincère. Il veut que l'humanité soit heureuse; il croit honnêtement que l'Église a été dans l'erreur, et que par cette erreur elle a fait le malheur du genre humain. Il a lu cela, voilà sa raison de le croire. Il croit tout ce que l'Église ne dit pas.

Au fond de l'âme, il a un sentiment religieux ; il ne sait quel, ni pourquoi ; mais il l'a et il le garde. Il lui passe des souffles de prière, il s'impose des règles de conduite, il se défend quantité des choses que sa logique lui permettrait. Coquelet ne voudrait pas tromper ni mentir.

Il rougirait de se dire chrétien, puisqu'il ne l'est pas ; ce n'est pas au nom de la foi catholique qu'il voudrait détruire l'Église. Il se propose de l'abattre par le raisonnement ; mais persécuter, spolier, tuer, et tout cela, en faisant des signes de croix, lui semble abominable et infâme.

A Porto San Stefano, nous trouvâmes un curé qui savait le français et qui nous offrit les oranges de son jardin. Coquelet avoua de bonne grâce que le clergé ne manquait pas partout de culture, et que ces curés, disséminés partout pour enseigner la morale, sont une heureuse invention de l'Église catholique.

Il convint de s'être formé quelques doutes sur la droiture de cœur et d'esprit de plusieurs journalistes, et que ces garçons-là écrivent en général un français peu honorable, et qu'il ne leur donnerait pas grand'chose à garder. Je commence à aimer Coquelet. En ce temps de facile lecture, une bonne bête, cela paraît bien bon !

Il me laissa dire que son paradis futur, son Eldorado, n'est que le paradis de Mahomet, plus ou moins retapé. Il concéda que le paradis de Mahomet, réalisé sur la terre autant que possible, n'a pas mis le Turc dans un état de civilisation que l'on puisse envier.

Je le priai de considérer les deux rives de la Méditerranée, la rive catholique et la rive musulmane, et de voir ce qu'ont fait pour le genre humain, d'un côté l'Évangile, de l'autre le Coran, d'un côté le Pape, de l'autre le Sheik-ul-Islam. Il aperçut comme dans un nuage des choses que peu de publicistes sont en état de voir.

X

DU NAVIRE A VAPEUR.

Profitant des clémentes dispositions de Coquelet, je ne crus point téméraire de lui livrer mon opinion sur le bateau à vapeur. Certes le bateau à vapeur est un ouvrier de Dieu. Il met à bas l'islamisme. Fulton se proposait-il d'accomplir le but des croisades? Donc, de la vapeur aussi, Dieu fait ce qu'il veut.

Mais il le fait à son heure, en nous laissant longtemps faire ce que nous voulons nous-mêmes, comme s'il n'y prenait pas garde. De diverses sortes sont les œuvres de Dieu : la plupart de celles qu'il accomplit par les libres mains de l'homme sont des œuvres de châtiment contre l'homme.

Avec quelles terreurs, avec quels scrupules de conscience et quels abaissements devant Dieu l'homme ne devrait-il pas se servir des forces qui lui sont nouvellement confiées ? Mais loin de là, il croit qu'il les invente, qu'elles sont sa pure conquête ; et il en use comme Noé du fruit de la vigne.

Les forces scientifiques que Dieu nous met aux mains depuis trente ou quarante ans, ces forces scientifiques qui domptent la nature sans arracher son secret et qui enivrent l'homme d'orgueil, me semblent préparées pour dompter étrangement l'humanité. Tout au moins elles lui joueront de sanglants et cruels tours.

La locomotion, qui détruit l'islamisme, est le grand engin d'un islamisme plus redoutable. Voilà vingt ans, me disait un Romain, que je vois la Révolution arriver tous les quinze jours, puis tous les huit jours, puis deux fois par semaine, en bateau à vapeur.

La vapeur est le bélier qui bat, qui perce et qui démolit toutes les frontières. Par ces brèches, les rois perdront l'autorité, mais les peuples perdront la liberté. Encore quelques années, et les nationalités qui voudront résister verront beau jeu. Souvenez-vous du sort de Sébastopol.

Quand les peuples n'avaient affaire, pour ainsi dire, qu'à Dieu, quand Dieu se contentait d'employer la peste, la foudre et les tremblements de terre, on s'en tirait. Dieu tenait en réserve un fléau plus terrible ; il le lâche à présent : c'est l'homme. Il a permis que l'homme centuplât sa force de destruction.

On fait une campagne de quelques mois : cent mille cadavres jonchent la terre, et c'est pour commencer. Pendant que les lions respirent, ils laissent marauder le chacal. Attendez qu'ils aient repris haleine, et l'un des deux restera sur le carreau ; l'un des deux, c'est-à-dire un empire. La peste noire était plus ménagère.

Elle va bien, la machine ! Nous nous félicitons d'avoir des canons qui portent à deux lieues. Pourquoi faire les modestes ? Nous avons mieux que cela. Moyennant la machine à vapeur, nos canons portent à mille lieues et plus loin. De Paris ou d'ailleurs, on ajuste une ville ; Pékin, si vous voulez.

Par le télégraphe, on prévient la machine qui marche contre vents et marée. En un instant elle est prête, elle ouvre ses vastes flancs ; on la remplit de ferraille homicide : elle part : c'est un volcan qui arrive avec elle, c'est le tremblement de terre, c'est le choléra qui arrivent à la fois.

Imaginez ce que pourra un jour l'homme qui aura

le plus de machines à ses ordres. Comme il fera bon résister à cet homme-là! comme ce sera chose prudente et utile de refuser de l'adorer s'il croit les lâches gredins qui lui diront qu'il est Dieu, et qu'il doit exiger qu'on l'adore!

Croyez-vous qu'il ne se rencontrera pas de tels gredins, et beaucoup? J'en aperçois de tous côtés la graine immonde. Elle a été semée abondamment, elle lève désastreusement. Croyez-vous qu'ils n'auront pas d'influence? Moi je dis qu'eux seuls seront influents.

Que voulez-vous que soit un maître du monde qui ne craindra pas Dieu, sinon un pervers et un fou qui se laissera persuader qu'il est Dieu? Pendant trois siècles, la possession de quelques légions toujours indociles, mais devant qui tremblait la bassesse universelle, a fait craquer la cervelle des empereurs romains.

Or, l'empereur futur commandera cent fois plus de légions, cent fois plus soumises; et en outre, pour dompter une humanité plus déchue et descendue plus bas, plus brisée et plus écrasée, puisqu'elle sera tombée des immenses hauteurs de l'Évangile,

L'empereur futur aura la machine, l'admirable machine, admirablement perfectionnée, plus vaste, plus rapide, insubmersible, portant dans ses flancs élargis la mort mille fois mieux outillée. La machine qui ne dira jamais non, montée par des machines qui diront toujours oui.

Et vous supposez que cet homme ne deviendra pas fou, et que les gredins progressistes qui, dès à présent le flairent et lui chantent leurs *alleluias* abjects, pullulant dans les fanges chaudes qu'illumineront ses regards, ne lui persuaderont pas d'être Dieu!

Voilà ce que j'attends de la machine, et ce que je lui reproche. Ce n'était peut-être pas la peine d'en parler au risque de scandaliser le genre humain. Le genre humain croit que le télégraphe électrique portera ses pensées, et que la navigation à vapeur finira par lui apporter des cocos frais.

Dût le bateau à vapeur m'apporter des cocos frais, il y a encore une chose que je ne peux lui pardonner : c'est sa laideur. Il est long, il est noir, il n'a ni mâts, ni voiles, ni cordages; tout son gréement, brutal comme lui, est de chaînes de fer. Dans tout ce machinisme moderne, on ne voit que dents de fer et chaînes de fer.

Votre bateau à vapeur court comme un commissionnaire, il a la tenue d'un sbire. Pressé et brutal! Il fume, il crie, il siffle, il pue. On va lui donner une épée; il coupera en deux tout ce qu'il rencontrera, et il poursuivra sa course; il ira invinciblement porter au loin l'orgueil et l'insolence de la domination, la servitude, la mort.

O le beau navire d'autrefois, savant, courageux et magnifique, plein de nobles et intelligents matelots, qui fendait bravement l'onde rebelle, qui luttait de science et de bravoure avec l'ennemi, de force avec la mer, de ruse avec le vent, et dont les voiles s'enflaient sous la brise, comme des seins gonflés de lait !...

Enfin, le *Lycurgue* entra dans le port de Civita-Vecchia, et la noire et infecte machine, cessant d'agiter ses ailes ou plutôt ses pattes tapageuses, nous jeta sur le sol italien, sur le tranquille sol pontifical. Nous voilà chez le Pape, c'est-à-dire chez nous.

XI

CIVITA-VECCHIA.

Dunque, nous foulons le domaine du roi de la paix, qui croit que les hommes portent une âme créée de Dieu dans leur corps formé des mains de Dieu.

A vrai dire, Civita-Vecchia ne semble pas un lieu de plaisance. C'est un roc nu, brûlé du soleil, battu du vent.

Lorsque j'y posai le pied pour la première fois,

que tout cela me parut beau ! C'était l'Italie ; je voyais des figures italiennes, il y en avait encore.

La mer était si verte et si bleue, et la langue italienne si sonore et si douce !... Un marchand d'oranges m'en donna deux pour un sou.

On me rendit une petite monnaie d'argent qui portait d'un côté l'effigie des apôtres Pierre et Paul, et de l'autre une bénédiction pour ceux qui font l'aumône.

L'hôtel Orlandi, chargé de tant de malédictions, qu'il n'a pas toutes volées, je le trouvai aimable d'aspect et de mœurs, et qui n'écorchait pas trop.

J'entrai dans un café. Il y faisait frais. Trois sages y buvaient de l'eau en écoutant une gazette de huit jours, qui n'avait qu'un pied de long.

Au-dessus du comptoir, je remarquai une madone devant laquelle brûlait une veilleuse. Tout cela était paisible, honnête, heureux.

A mon second voyage, la ville avait une garnison française, et l'on travaillait aux fortifications. Hélas! Europe, qu'il faille fortifier les États du Pape !

Sur les rivages, des tours furent élevées par les Papes, mais contre les Sarrasins. Qui eût cru qu'on les dût rebâtir lorsqu'il n'y a plus de Sarrasins!

A mon troisième voyage, on ajoutait aux fortifications, et l'on commençait les travaux du chemin de fer.

A présent, les fortifications sont faites, la garnison française est doublée, le chemin de fer marche, et le trône du Pape est ouvertement menacé.

Je me souviens comment, une fois, Civita-Vecchia et l'hôtel Orlandi me parurent ce que j'avais vu de plus charmant.

Ils n'ont pas tout perdu. C'est toujours la première porte de Rome! Mais du premier enivrement à l'heure présente il y a loin!

J'entrai dans mon vieux café. Il était plein de consommateurs bruyants. Au milieu de la fumée des pipes, je reconnus deux figures : la madone et le *Constitutionnel*.

Je me trouvai près d'un trio de sergents. L'un d'eux revenait de congé; il faisait le joli cœur : il contait qu'il était arrivé juste pour assister au mariage de son premier amour,

Et qu'il s'en était bien amusé. Il disait qu'il avait bien effrayé sa vieille mère par la vigueur de ses blasphèmes, dont il donnait des échantillons.

Ces garçons parlaient correctement. Ils avaient fait leurs classes. A côté de celui qui posait en bandit pour exciter mon admiration,

Un autre posait en sage, et souriait à l'illusion de la jeunesse qui croit n'avoir plus d'illusions. C'était lui le vrai désillusionné. Il voulait m'en convaincre.

C'était lui qui ne croyait à rien, ni à l'amour, ni à la famille, ni à Dieu, ni à l'épaulette, ni à la vie... Le roman-feuilleton partout !

Ces deux petits sergents, c'étaient deux romans-feuilletons, et je dirais bien de quels sots ils étaient signés ; mais plutôt sortons de ce mauvais air.

XII

PALO.

Sur la solitaire et très-belle route de Civita-Vecchia à Rome, il y avait, en ce temps-là, un lieu étrange, presque sinistre, charmant à voir. Le chemin de fer l'a avalé. On le nommait Palo.

C'était une vaste et imposante masure, assise sur le roc, les pieds dans la mer. Là, logeaient pêle-mêle la douane, la gendarmerie, la poste, et je ne sais quoi encore qui se donnait pour auberge.

L'ensemble ne ressemblait à rien de connu. Tout avait un caractère de délabrement noir et fier ; une ruine qui ne se plaint point, qui ne se trouve point à plaindre, qui n'entend point qu'on la plaigne.

Je me représentais ces fils de grande race, déchus, mais qui n'échangeraient point leur blason décoloré pour toute la gloire de la banque. S'il existe aujourd'hui de ces gens-là, je l'ignore.

Dans la salle d'auberge de Palo, il y avait une madone et sa lampe allumée, des fusils au manteau de la cheminée, une sorte de vieille table noire et guère d'autres meubles. L'horloge était arrêtée.

Pourquoi une horloge là où le temps est sans mesure? La fille d'auberge regardait la mer. Elle tourna lentement la tête pour voir quel indiscret se permettait de lui demander un verre d'eau.

La fille d'auberge de Palo avait intimidé M. Osselet, le Coquelet de mon premier voyage. Il m'en parla longtemps à Rome et en France. « Et la princesse de Palo? Comme ces gens-là servent le voyageur! Infâme peuple!! »

Ainsi M. Osselet s'indignait de la fierté romaine. Toutes les fois qu'il avait demandé un service ou refusé un pourboire, M. Osselet avait craint d'être assassiné. Actuellement, il plaint les Romains, esclaves des cardinaux.

Si je n'avais pas souvent lu le *Siècle*, jamais je n'aurais pu comprendre comment les idées s'arrangent dans la tête de M. Osselet, homme excellent d'ailleurs, plein de vénération pour la gendarmerie française, fier d'être Français.

Sous la madone de l'auberge de Palo, une paysanne fatiguée s'était endormie, assise par terre. Son enfant dormait à côté d'elle. Ils étaient bien pauvres, ils dormaient d'un bien tranquille sommeil.

L'ami avec qui je faisais ce premier voyage me dit : « En France, on nous parle beaucoup d'égalité. Mais sommes-nous les égaux des gendarmes, des sous-préfets, de M. Osselet qui est plus riche que nous ?

« Il y a du louche ! Le baudrier, l'habit brodé, la bourse enflée, cent choses encore constituent de fortes inégalités. Nous les subissons toute notre vie, sans assurance de trouver l'égalité par delà.

« Vois cette madone. C'est un portrait de famille. La sainte Vierge est ici un ancêtre, la mère de toute la race, aussi bien dans cette misérable auberge qu'au Vatican et dans tous les hôtels de préfecture de l'État.

« Marie, la paix, la joie et le salut du monde, nous dit saint Ephrem ; Marie, nous dit saint Bonaventure, par qui le Christ est devenu notre frère. »

Cette parole entra dans mon esprit, et le premier parfum de Rome embauma mon cœur.

Après Palo, la route s'engage dans les terres. Nous vîmes passer quelques bergers à cheval dont les épais manteaux, les chapeaux pointus et les visages basanés ne charmaient point M. Osselet. Il avait vu Fra-Diavolo à l'Opéra-Comique.

Nous le rassurâmes en lui rappelant que Fra-Diavolo se tient dans les environs de Terracine, beaucoup plus loin. Alors il se récria sur l'inculture de la campagne. « Pourquoi point de maisons? Pourquoi point d'arbres? »

Nous lui dîmes que M. de Tournon l'a trouvé bon ainsi. — « Je m'en moque, dit M. Osselet. Qu'est-ce que M. de Tournon? — C'est lui qui fut préfet de Rome au temps du grand empereur, et il est Français! » M. Osselet fut pris.

Néanmoins il se ravisa. — « C'est égal, des maisons rassureraient le voyageur; des arbres égayeraient la vue. » — Mais, monsieur Osselet, les voleurs se cacheraient dans les arbres!

Et puis, enfin, on assassine bien dans votre plaine de Saint-Denis et sur votre canal de l'Ourcq : pourquoi n'assassinerait-on pas un peu dans notre campagne de Rome? Voulez-vous tout garder pour la France?

S'il vous déplaît tant d'être assassiné, pourquoi voyagez-vous, monsieur Osselet? Tâchez donc de ne vous pas mettre en contradiction avec vous-même. Et pour finir, sachez, monsieur Osselet, sachez

Que la campagne de Rome est une très-riche manufacture de viande, de laine, de cuirs, de suif, de tout ce qui peut vous charmer. Sachez que cette terre inculte rapporte quatre et cinq pour cent!!!

Terrassé par ces arguments, dont je n'étais pas sûr, M. Osselet nous laissa goûter la majesté tranquille de ce sévère pays. Nobles campagnes, faites pour la paix, et que des pervers veulent arroser de sang pour les rendre fécondes!

XIII

LES LÉGATS DU PAPE.

Un compagnon de route fort différent de M. Osselet, un homme vêtu de bure, chaussé de sandales, passager de troisième classe sur le bateau à vapeur, avait daigné accepter une place dans notre voiture.

Il ne portait d'autre bagage qu'un livre et un petit panier contenant ses provisions de bouche de Paris à Rome. Il appartenait à un couvent de franciscains; homme de grand savoir, de grand esprit, de grande bonté.

Humble, naïf, éloquent, d'un indomptable courage, d'une invincible douceur, d'une intarissable joie. Il n'aimait que sa cellule, et il avait fait vingt terribles voyages.

Toujours prêt à partir, au premier ordre, sans fermer son livre, il quittait sa chère cellule, n'emportant ni valise ni manteau. Il s'en allait au nord, au midi, dans les sables, dans les neiges, droit devant lui.

Il remplissait sa mission, il revenait, il rendait compte et reprenait la page interrompue, comme s'il ne se fût absenté qu'une heure. Tels étaient ces redoutables envoyés du Pape, ces hommes dont il est tant parlé dans l'histoire ;

Ces hommes qui, chargés d'aller marquer la borne de la justice, parcouraient le monde à pied et pieds nus, traversaient les déserts et les mers, bravaient tout péril, toute force ennemie, toute captivité, toute mort;

Et forçant les camps et les palais, sans crainte devant les regards de l'homme, contemplant du même œil l'éclat de la couronne et l'éclat du glaive, disaient au victorieux : *Non ampliùs!* au tyran : *Non licet !*

Je connais un homme d'esprit que le souvenir des légats du Pape au moyen âge fait encore trembler : « Semblables, dit-il, aux envoyés de l'ancienne

Rome, ils traçaient autour des rois le cercle de Popilius, et leur défendaient d'en sortir. »

Il rassemble beaucoup d'autres traits communs aux légats et aux ambassadeurs de la république romaine; et, ayant mené à fin son parallèle, il conclut que la ressemblance est entière, que c'est tout à fait cela.

Homme d'esprit, avez-vous remarqué l'étonnante ressemblance qui se rencontre entre Louis XVI et Robespierre? Tous deux sont nés d'une femme; tous deux voyaient par les yeux, entendaient par les oreilles, etc., etc.

Tous deux ont exercé le pouvoir, ont eu des flatteurs et des ennemis, ont été acclamés du même peuple, ont péri presque la même année, sur le même échafaud, etc., etc. Robespierre et Louis XVI sont le même homme, évidemment!

Et vous-même, homme d'esprit, en quoi différez-vous de M. Havin? Ne vous servez-vous pas du même procédé pour faire connaître vos pensées, et vos pensées ne sont-elles pas trop souvent les mêmes? Seulement, il a plus de lecteurs que vous.

Que diriez-vous, pourtant, si je vous comparais à M. Havin? Vous diriez que Havin et les autres sont de grossiers meneurs de la force brutale; que vous représentez la force spirituelle, et que ces deux forces diffèrent essentiellement.

Il y a justement cette petite différence, — plus marquée, — entre les ambassadeurs de l'ancienne Rome et les légats de la nouvelle. Envoyés de Rome, mais les uns envoyés de la force brutale, les autres envoyés de la force morale.

Ce n'est pas la même chose de dire, comme l'ancien Romain : « Je vous interdis cela, parce que j'ai la force; » ou de dire, comme le légat du Pape : « Je vous interdis cela, parce que vous n'avez pas le droit. »

Et cette voix qui venait commander au nom du droit, en même temps suppliait au nom de l'amour. Cette voix ne prononce qu'un mot : J'aime! O puissant! j'aime le droit, j'aime ceux que tu persécutes, et toi, je t'aime aussi!

Comme elle a transmué le nom d'*Eva*, souvenir de la perdition, au mot *ave*, mémorial du salut, ainsi de *Roma*, la force, l'Église a fait *amor*.

Mutans Romæ nomen.

S'il y eut un temps où l'intelligence publique fut assez haute pour donner à la force morale un appui victorieux contre la force brutale, où donc était le mal, gens d'esprit, qui déplorez ce temps?

Quel mal que ce conquérant n'ait pu annexer une province? ni ce roi dévorer son peuple? ni ce roi faire de la fausse monnaie? ni ce roi répudier sa femme légitime? En quoi la dignité humaine en est-elle blessée?

Gens d'esprit, gens d'esprit qui avez tant haï la force morale, et qui la haïssez encore, prenez garde à vous! Voici que la force morale n'a plus d'empire; elle n'empêche plus d'annexer les provinces ni de rompre les traités.

Un temps vient qu'on aura envie de prendre les maisons, et de rompre les contrats, et de répudier les épouses. Si la force morale disparaît tout à fait, la force brutale régnera tout à fait.

Il ne fallait pas parler de force morale aux envoyés de Rome païenne, ni aux leudes des premiers rois francs, ni à ceux de Robespierre; il n'en faudra pas parler à ceux de Garibaldi. Ils supprimeront même les journaux, même les journalistes.

Réfléchissez, gens d'esprit. « La lumière est encore avec vous pour un peu de temps. Marchez pendant que vous avez la lumière, de peur que les ténèbres ne vous surprennent. » Car la nuit sera plus longue qu'en la saison d'hiver.

Pour moi, dont les réflexions sont faites, j'aurais bien baisé la bure de ce *frate*. En lui je revoyais la race des envoyés du Pape, des envoyés de la Justice et de l'Amour. Je pensais à mes pères inconnus.

Qui leur a porté la foi dans leur ignorance primitive? De quelle source a-t-elle coulé jusqu'à leur campement sauvage? Elle est venue de Rome. Un envoyé de Rome a élevé la Croix devant leurs regards, a fait le signe de la croix sur leurs fronts.

Devenus enfants de Dieu, et coparticipants de l'héritage céleste, ils ont vécu consolés et tranquilles à l'ombre de la Croix. Quand on a voulu leur voiler ou leur ôter la Croix, et avec elle leur royaume divin,

Alors la voix de Rome s'est élevée, et les envoyés de Rome sont accourus, et la sainte lumière est restée dans ces âmes, et la sainte liberté et la sainte espérance ont continué de soutenir et de consoler ces simples cœurs, et ils m'ont transmis un sang chrétien.

O Rome! ô douce mère et divine maîtresse des peuples, sois bénie pour les dons que tu m'as faits dans mes pères; sois bénie des joies saintes que tu as versées durant des siècles sur ces petits de la foule humaine, sur ces gens de peine et de labeur.

Sois bénie des vertus que tu leur as enseignées, des humbles prières qu'ils ont élevées vers Dieu, des miettes de pain et des gouttes d'eau que leur indigence a données à l'indigence ; sois bénie des rayons qui ont illuminé ces fronts baignés de sueurs!

LIVRE II

ENTRÉE A ROME.

I

PORTA CAVALLIGIERI.

Nous approchions de Rome, pleins d'émotion, pleins de joie, sentant que Dieu nous donnait quelques-uns de nos jours heureux. Nous n'étions pas des curieux impatients, ni des gens à convertir et qui cherchent à se défendre ou contre le diable ou contre le bon Dieu; nous arrivions avec l'amour dans le cœur, nous rentrions plutôt que nous n'arrivions.

Nous avions tout à souhait : de vaillants chevaux, un excellent postillon, beau garçon poli et de bonne humeur, qui ne semblait pas moins charmé que nous de voir Rome, et qui nous savait gré de notre allégresse. Le stoïque *frate* lui-même laissait battre son cœur. Un détour de la route nous montra en plein le dôme, déjà salué de plus loin.

Le temps était magnifique, le soleil descendait dans toute sa pompe, illuminant et embrasant l'espace ; la croix étincelait sur la coupole enveloppée d'une pourpre adoucie. Fra Gaudenzio n'y put tenir. Il cria au postillon d'arrêter, il étendit les bras, comme pour étreindre le Temple et la Ville.

« *Ecco*, dit-il, *ecco !* » Ses yeux se mouillèrent. — Qu'il y avait de tendresse dans ce cri, et combien, sans se l'avouer jamais peut-être, il avait désiré repaître ses yeux des chères splendeurs qui leur étaient rendues ! Après un court silence, les yeux toujours attendris et la main vers son beau ciel, il reprit :

« — Cette illustre et charmante Elpis, qui a composé, il y a treize cents ans, l'hymne que nous chantons aux vêpres des saints Apôtres, ne pensez-vous pas qu'elle avait ce même ciel sous les yeux, et qu'elle l'a bien dépeint ? Voyez :

Aurea luce et decore roseo...

« Roma ! Roma ! madre mia Roma, très-chère Rome, à qui Dieu a donné les saints apôtres, garde bien le présent de Dieu ! » Et, son cœur débordant tout à fait, il se mit à chanter, d'une belle voix d'église :

> O felix Roma quæ tantorum Principum
> Es purpurata pretioso sanguine,
> Non laude tuâ, sed ipsorum meritis
> Excellis omnem mundi pulchritudinem !

L'enthousiasme du bon religieux nous charmait et nous attendrissait. Nous ne fûmes pas médiocrement surpris de l'entendre tout à coup, changeant de langue, de ton et de visage, et prenant l'expression la plus italienne, nous demander si nous connaissions *un certo Haouréaou? — Haouréaou? — Si... Cattivo scrittore... falso dotto... pedantaccio... giornalista?*

« — Méchant écrivain, faux savant, pédantasse, et pour finir, journaliste ! Nous en avons plusieurs de cette espèce. Haou... *Come, Padre? — Haouréaou. H, a, ou, r... — Va bene, Padre ! Bartolomeo? — Si, si ! Bartolomeo Haouréaou.* — Et qu'avez-vous, mon père, contre Barthélemy Hauréau ?

« — *Aureo è suo nome, ma davvero, il suo talento non è d'oro!* Il dit, ce Bartolomeo, que l'Église romaine, au cinquième siècle, était tombée dans la barbarie; qu'elle ne savait plus le grec, ni la grammaire latine. Mais c'était le temps de saint Augustin, de Denys le Petit, de Cassiodore, de Boëce, pour n'en point citer d'autres.

« En ce temps-là, il se rencontrait dans Rome

de jeunes dames, comme cette pieuse épouse de Boëce, assez instruite pour composer l'hymne dont je viens de répéter une strophe. Je suis persuadé, moi, que le Bartolomeo ne saurait pas faire une hymne, même en français. » — Père, c'est ma conviction et celle de l'univers !

« — Il ne sait pas le grec, votre Bartolomeo ! — Père, il n'est pas mien. — Il ne sait pas le grec ! Dans ce ridicule chapitre où il accuse l'Église romaine d'ignorer le grec, il donne la preuve claire que c'est lui qui ne l'entend pas. — Père, de ces preuves-là, il en donnera beaucoup. C'est ce qu'il prouvera le mieux toujours.

« — Il parle d'un écrivain qui met après le nom de l'apôtre saint Jean un mot barbare, dit-il, *petalicus*, lequel, à son estime, signifie sans doute *l'exilé*. Mais qui ne sait que *petalicus* est forgé du grec *pétalon*, parce que, suivant Polycrate, l'apôtre saint Jean portait sur le front une lame d'or, comme prêtre de Jésus-Christ? »

— Père, il y a considérablement de personnes savantes à Paris qui ignorent ce détail. Faites attention que notre Bartolomeo est savant de Paris, et non pas savant de Rome. Personne ne le corrige, le pauvre homme, et il a bien sujet de se croire savant, puisqu'il est lauréat de l'Institut. Tout le monde, à sa place, tomberait dans la même illusion.

Mais nous allions entrer dans Rome, et nous n'y

voulûmes pas introduire M. Hauréau. Il eût été de trop, en vérité. La voiture franchissait la porte, nous laissâmes *fuori* le lauréat de l'Institut, que Fra Gaudenzio, dans un dernier jet d'indignation et de verve italienne, appela : Lauréat *Mediocritas*.

II

LES FENÊTRES DU PAPE.

Abandonnant nos passe-ports à la bienveillante police romaine, et confiant nos bagages, y compris le panier de Fra Gaudenzio, à la noble figure de notre postillon, nous nous hâtâmes vers Saint-Pierre. Nous espérions que les portes ne seraient point fermées.

Mais lorsque nous arrivions au milieu de la Colonnade, dépassant à peine l'obélisque de Sixte-Quint, l'*Ave Maria* se fit entendre. Il était trop tard. Nous montâmes néanmoins les nobles degrés du péristyle. De nos mains, de nos fronts et de nos lèvres nous touchâmes les portes sacrées.

Ave Petrus! Tu es Pierre, et sur cette pierre je bâtirai mon Église. Salut, pasteur des peuples, plus grand que Moïse ; bienheureux Simon Bar-Jona, Simon fils de la Colombe, à qui l'Esprit daigne révéler ce que la chair et le sang ne révèlent point, et qui le premier entre les hommes as dit au Christ : Vous êtes le Fils de Dieu !

Ici donc ont pris racine tes pieds que le Christ avait lavés pour te donner part à son royaume, tes pieds vainqueurs qui ont humilié le Capitole et foulé les puissances de Satan. C'est ici ta demeure, d'où tu domines le monde; c'est ici ton sépulcre glorieux et vivant !

Nous nous agenouillâmes auprès de Fra Gaudenzio prosterné. Rome, du moins, ne laisse pas de respect humain à vaincre, et l'on y peut, sans donner de scandale, adorer Dieu en pleine rue. Le glorieux Rousseau, le glorieux compère de Thérèse Levasseur, disait à un sien disciple :

« Eh ! mon ami, pourquoi te mettre à genoux ? tu seras toujours assez près de la terre ! » Glorieux Rousseau, je me mets à genoux précisément parce que je me trouve trop près de la terre. L'homme n'est grand qu'à genoux. Il témoigne alors qu'il ne peut tenir tout entier dans l'exiguïté de lui-même et de ce monde.

Il confesse qu'il connaît, qu'il aime et qu'il adore quelque chose de plus beau, de plus noble, de meilleur que lui. En s'agenouillant devant cet Être supérieur, il entre en communication avec sa majesté; il lui demande des sentiments plus hauts, une loi qui l'élève.

Je ne me sens plus si voisin de la terre, si *un* avec elle, lorsque, les genoux ployés, je demande au prêtre de me bénir, au saint de prier pour moi ; lorsque je fais l'aveu de mes fautes ; lorsque, empruntant la parole du juste, je dis à Dieu : Seigneur, parlez ; votre serviteur écoute.

Ne craignons pas de nous agenouiller pour pleurer, pour prier, pour adorer. En ces moments-là, loin de toucher la terre, je sens tomber les poids qui m'y attachent, je me sens pousser des ailes. Le pharisien priait debout. Derrière lui, le publicain prosterné se dépouillait de sa misère et se préparait à prendre vol.

Quant à ceux qui ne s'abaissent point devant Dieu, je connais ces êtres fiers. Agenouillés ou non, peu importe, qui ne les voit partout plus que courbés devant quelqu'un ou devant quelque chose ? Il y en a devant l'Institut, il y en a devant les journaux, il y en a qui se tiennent ainsi devant eux-mêmes.

Revenus au pied de l'Obélisque, nous récitâmes un *Pater* et un *Ave* pour gagner l'indulgence accordée par Sixte-Quint à ceux qui salueront la croix dont l'Obélisque est couronné.

Et, profitant des dernières lueurs du jour, nous restâmes là, jouissant du voisinage du Saint-Pierre, et des gerbes de diamants qui jaillissaient des fontaines, et des étoiles qui commençaient à poindre au ciel bleu.

Quelques fenêtres s'allumèrent au Vatican. C'étaient celles du Pape, et cette faible clarté ne réjouissait pas moins nos yeux que la clarté naissante des étoiles. « Povero Papa! nous dit Fra Gaudenzio.

« Povero Papa, il donne encore des audiences, il n'a pas encore fini sa rude journée. Combien de soucis derrière ces vitres! Et nous sommes là si tranquilles! — Voyez, poursuivit-il, quelle solitude!

« Le voilà, ce terrible Vatican; on le croirait vide. Quelques gardes à la porte, quelques humbles serviteurs, quelques petits voyageurs qui viennent chercher une bénédiction, quelques secrétaires, et plus rien.

« Je ne parle pas des autres souverains, mais le moindre duc d'Allemagne, que dis-je? le moindre juif d'Angleterre ou de France entretient autour de lui plus de pompe et de courtisans. *Argentum et aurum, non est mihi.*

« Néanmoins, ils ne se trompent pas, ceux qui dirigent tant d'efforts contre ces murs dont la majesté désarmée ne renferme que les nobles forces et les nobles richesses de l'esprit!

« Ils ne se trompent pas, ces fils pervers ou ces dupes imbéciles de Satan. Le Vatican est la forteresse du monde chrétien. Qu'il soit emporté : la terre de l'homme et son âme appartiennent au vieil ennemi.

« Comparez ce qui est ici et ce qui est là-bas, de tous les côtés, sous la bannière du diable; ce que l'on pense ici, et ce que l'on rêve là-bas; ce qui serait détruit avec ceci, et ce que fourniraient les éléments dont on dispose là-bas.

« Comparez l'œuvre visible des Papes et l'œuvre possible de ces politiques, de ces écrivains, de ces soudards qui se proposent de refaire le monde à leur gré. Comparez les doctrines, les croyances, les vues, les mœurs.

« O triste race d'Adam, si l'ennemi l'emporte! si ton Christ disparaît un seul instant! Mais pourquoi l'ennemi n'est-il pas déjà maître? Il a tant de canons, tant de journaux, tant de langues, et si bêtes!

« *Amen, amen, dico vobis*, sur cette demeure dont nous ne voyons que la faiblesse et le délaissement, l'ange qui pénétra dans les prisons d'Hérode, invisible et invincible, plane l'épée à la main. »

III

L'OBÉLISQUE DU VATICAN.

Une parole incidente ramena notre pensée sur l'Obélisque.

— Vous avez un obélisque à Paris, dit Fra Gaudenzio ; un pacha vous a fait ce présent.

Je l'ai vu, votre obélisque ; il est dressé sur une place démesurée et froide.

La place de la Concorde. Un joli nom ! L'autel de la Concorde fut la guillotine.

Les prêtres de la déesse Concorde sont divisés en trois chœurs : infanterie, cavalerie, artillerie.

J'ai passé sur la place de la Concorde un jour que la cavalerie officiait.

Quelle belle place française ! tout est réglementaire, contre-pesé, tiré au cordeau, brossé.

Il ne faut qu'une longue-vue pour apercevoir les édifices qui bordent la place sur les quatre côtés.

Un Champ de Mars meublé comme un boudoir ; contraste original et charmant !

Depuis que j'ai vu la place de la Concorde, je ne souffre plus que l'on vante Venise,

Ni piazzia San Petronio de Bologne, ni cette misère de *Colonnato* que voici.

La Concorde est grandiose; elle sent la civilisation; la cavalerie y peut manœuvrer.

Tout votre Paris devient admirable pour les manœuvres et les œuvres militaires.

Mais *scusate* : que fait l'obélisque sur cette *bellissima Concordia?*

Quel sens a-t-il? que rappelle-t-il au peuple français? Une victoire? Non.

Il constate qu'un pacha turc, un voleur, un *birbante*, vous honora de son amitié.

Il rend hommage au génie de l'ancienne Égypte : un noble peuple, profond et savant,

Qui adorait des bêtes empaillées, et qui tenait dans la main de Cléopâtre !

Quelquefois, véritablement, votre grande nation française... elle n'est pas fière!

Les misérables Égyptiens dressaient des obélisques par centaines et n'en tiraient aucune vanité.

La puissante France, après en avoir planté un, toute glorieuse et tout essoufflée,

Craignant que les races futures ne vinssent à croire que cet obélisque s'était planté tout seul,

Ou que certains employés du pacha, l'ayant méchamment posé là, n'avaient pas consenti à l'ôter,

Elle a proclamé qu'elle avait fait ce merveilleux ouvrage, tel jour, sous tel règne.

Elle a nommé le roi, le ministre, le préfet, l'ingénieur, le pacha; elle a décrit les appareils.

Et c'est laid, sot, mesquin, inutile, ennuyeux, orné d'une grille de fonte.

Comment voulez-vous que la conversation s'établisse sur cette place entre tous ces monuments?

Quand même ils auraient des porte-voix pour se parler à la distance où ils sont les uns des autres,

Que voulez-vous que se disent les Tuileries et la Madeleine, le Corps législatif et l'Arc de triomphe?

Que peuvent-ils dire à l'obélisque et que pourrait-il répondre? Que peut-il dire à ces grosses femmes,

Qui portant les unes des épées, les autres des avirons, sont assises autour de lui,

Les pieds sur des urinoirs? Place de la Concorde! Dites donc place de la cacophonie.

Nous autres, pauvres Romains, je trouve pourtant que nous nous y entendons mieux.

Pas une pierre dans Rome qui ne dise quelque chose, et quelque chose de grand.

Elle parle par elle-même, par l'inscription qu'elle porte, par la place qu'elle occupe.

Elle est un souvenir, une prière, une leçon, une lumière, une poésie.

Cet obélisque, ornement du cirque de Néron, traînait à terre depuis des siècles.

Un de nos Papes le prit en pitié. Il lui dit : « Je te donnerai un noble poste dans ma Rome.

« Tu as vu le crucifiement de Pierre : je te relèverai ; je te ferai parler.

« Il n'y a plus ni Grec, ni Scythe, ni étranger. Ta langue perdue confessera Jésus-Christ. »

Il le prit de la main qui rétablissait tout, qui créait tout, qui rebâtissait Rome,

Et qui aurait rebâti le monde, si Dieu lui en avait laissé le temps.

C'était notre Sixte-Quint, un *frate*, de ceux qui ne sont rien sur la terre.

Il prit donc l'obélisque et le planta ici, sans ignorer qu'il faisait une belle chose,

Et sans dire au passant de quels systèmes de cordages son ingénieur s'était servi.

Mais il ne laissa pas l'obélisque nu et stupide comme une curiosité en présence de la basilique.

Aux saints rangés sur la colonnade, il n'offrit pas l'inutile spectacle de cet ouvrage païen.

Il lui fit porter non-seulement la figure de la croix, mais la vraie croix elle-même.

Il l'enrichit d'une parcelle de ce bois où fut attaché le Rédempteur du monde.

Il voulut que cette croix dont l'ombre convertit le bon larron et dont l'attouchement ressuscita les morts,

Couvrît de sa vertu ceux qui passeraient au pied de l'obélisque, et leur portât un pardon.

Ainsi le monument païen devint un héraut de l'Évangile, un serviteur du Dieu vivant.

Mais Sixte voulait davantage. Il est écrit : les pierres crieront, *lapides clamabunt*.

A la pierre païenne qui désormais proclamerait l'Évangile dans Rome, il donna une voix digne de Rome et de l'Évangile.

Sur un de ses côtés, l'obélisque porte encore la dédicace de Caligula aux empereurs-dieux, Auguste et Tibère.

Écoutez ce qu'il dit, maintenant que Sixte lui a appris à parler :

Voici la croix du Seigneur. Disparaissez, forces contraires. Il est vainqueur, le lion de Juda.

Il dit encore :

Le Christ est vainqueur, le Christ règne, le Christ commande. Contre tout mal, que le Christ défende son peuple.

Ainsi parle, ainsi prie cette pierre ; ainsi elle élève la voix parmi le peuple de Dieu.

O pierre fortunée ! bien souvent, passant sous ton ombre, j'ai senti la vertu de la Croix.

Bien souvent j'ai pensé que tu me rendais ainsi ce que tu as éprouvé toi-même,

Lorsque l'ombre de Jésus exilé toucha la terre d'Égypte et fit crouler les idoles et tressaillir les rochers.

IV

DE DIVERSES PRISONS.

Si nous avions dû partir de Rome le lendemain, je crois que nous n'aurions ni voulu, ni su rompre le charme qui nous enchaînait devant Saint-Pierre. Là nous aurions attendu le jour, comme font souvent les pèlerins de la campagne, afin d'être prêts à l'ouverture du seuil sacré.

Nous nous éloignâmes pour quelques heures. Dans la première rue, Fra Gaudenzio nous montra le palais où mourut Raphaël. Il est occupé par la rédaction de la *Civiltà cattolica*. Heureux journalistes! Logés à deux pas de Saint Pierre, — et libres de combattre pour lui!

Voici le château Saint-Ange. Cette masse imposante n'est que le débris d'un tombeau. Le faste des tombeaux, poussé si loin par les grands de Rome, frappe toujours notre sage et joyeux ami monsignore B***. — « Quelle rage de peser sur la terre! dit-il. Et au jugement dernier, quand il faudra se lever de là-dessous! »

A Rome, rien n'est isolé. Rien n'est muet, rien ne parle à contre-sens; tout tient à quelque chose, dit quelque chose, dit la chose qu'il faut dire. Ce château fort, construit sur un mausolée impérial, est rempli de l'histoire de Rome; il a la majesté romaine et le beau langage romain.

Prison d'État, il a reçu des coupables, des innocents, des fortunes tombées. Les fortunes tombées y méditent sur une cendre d'empereur, les innocents y sont gardés par les images des saints apôtres; les coupables peuvent lever les yeux vers l'ange qui couronne l'édifice : souvenir et signe de la miséricorde divine, l'ange remet son glaive au fourreau.

Quant à sa mine, c'est la belle forteresse d'autrefois, fière et ornée, avec des plates-formes d'où le prisonnier peut promener ses yeux dans le grand espace et dilater sa poitrine dans le grand air. Les forteresses d'à présent sont basses, cachées, bouchées : des agents de police déguisés en bourgeois.

Les cachots y sont nommés *cellules;* mais où est la joie et la liberté de cœur du moine? Curieux mensonge du langage officiel, donner un nom monastique au cachot du prisonnier de la force humaine, dans le temps que cette force supprime les retraites où s'enfermaient les captifs volontaires de Jésus-Christ !

Lorsque j'ai eu l'occasion de prendre l'air dans les préaux de la Conciergerie, j'avais déjà visité Rome. Comme je me rappelais les plates-formes du château Saint-Ange! Mon « directeur » m'avertit des supériorités de la prison française; qu'on y était mieux couché, mieux nourri, mieux serré. — Mais votre prison ne laisse pas voir le ciel ! — Est-ce que vous vivez de voir le ciel?

Au fond de mon encrier, d'où jadis j'ai vu sortir la Conciergerie, je ne sais quel mirage, à présent, me montre le « pénitencier » qu'on appelle Mazas, au faubourg Saint-Antoine. On y entend les omnibus et le sifflet du chemin de fer. Point de ciel. Si mes crimes jamais m'introduisent là,

Je supplierai qu'on m'accorde une pénitence plus sévère, digne de mon « incivilisation ; » je solliciterai les horreurs de la prison romaine avec son mauvais ordinaire, mais avec la plate-forme que la nuit couvre d'un pavillon d'étoiles et le grand espace que traversent le vent et les oiseaux.

Ah! si l'on voulait me mettre au château Saint-Ange, sous le vol des cloches de Saint-Pierre et sous les ailes de l'ange miséricordieux, près des statues des saints apôtres, sur les cendres de l'empereur Adrien! — alors je consentirais bien à tripler mon temps et à faire peser sur mes amis le poids de mon amende triplée.

V

LES SENTINELLES.

Le pont Saint-Ange est élégant et pittoresque. Il porte les statues des apôtres, il annonce le Vatican, il est l'entrée du sol plus particulièrement sacré. On y gagne des indulgences en récitant une courte prière. — Voilà donc le Tibre! Il est bourbeux et étroit, mais c'est le Tibre!

Fra Gaudenzio et moi nous nommons à nos compagnons les rues, les églises, les palais. Ces noms leur étaient connus; vingt fois ils avaient lu Rome, souvent ils nous disaient eux-mêmes où nous allions passer. Sa Majesté Piémontaise est une puissante majesté, mais enlever Rome aux catholiques, c'est un travail d'Hercule.

Nous rencontrâmes de braves gens qui chantaient devant les madones illuminées; nous nous arrêtâmes un moment place Navone, sur le seuil de Sainte-Agnès. Ici l'héroïque enfant triompha des bourreaux, et ses cheveux, pour protéger sa pudeur, croissant subitement, remplacèrent par un voile de velours ses vêtements arrachés.

Le Panthéon d'Agrippa. Je ne trouve pas que ce soit la merveille de l'architecture. La forme conçue par l'architecte païen avait besoin de passer par le cerveau de Michel-Ange, comme la pensée même d'Agrippa d'être redressée par le Pape. Balayant les faux dieux, le Pape a consacré l'édifice à tous les saints qui ont servi le vrai Dieu. Ramassant le dôme posé à plat sur le sol, Michel-Ange l'a jeté dans les airs.

Fra Gaudenzio n'admirait, ni ne critiquait, ni ne voyait l'architecture. — Écoutez, nous dit-il, écoutez saint Paul, qui demeurait non loin d'ici, et qui a vu ce monument dans sa splendeur première: « Mes frères, par la foi les saints ont conquis des « royaumes, fermé la gueule des lions, arrêté la vio-

« lence du feu. Par la foi ils ont été remplis de cou-
« rage dans les combats, ils ont mis en fuite des
« armées.

« D'autres ont été cruellement tourmentés, ne
« voulant pas racheter leur vie présente afin d'en
« trouver une meilleure dans la résurrection. D'au-
« tres ont souffert les insultes et les coups, les chaî-
« nes et les prisons; ils ont été lapidés, brisés, ils
« ont péri par le glaive. » Ainsi l'Apôtre décrivait la
vie des saints et prophétisait sa propre vie.

Et il ajoute : « L'œil n'a point vu, l'oreille n'a point
« entendu, et il n'est pas au pouvoir de l'esprit de
« l'homme de comprendre ce que Dieu a préparé
« pour ceux qui l'aiment. »

Tout près du Panthéon est la belle église de *Santa Maria sopra Minerva*, où les Dominicains gardent le corps de sainte Catherine de Sienne, qui fut suscitée de Dieu pour tirer les Papes de l'exil d'Avignon; tout près est la belle église du collége Romain, où les Jésuites gardent le corps de saint Ignace de Loyola. Nous n'avions pas vu de sentinelles autour du Pape : il y en a cependant, et beaucoup !

VI

PAUL, PRISONNIER DU CHRIST.

Dans la *via Lata*, qui débouche sur le *Corso*, Fra Gaudenzio toucha de la main et du front une haute muraille : « — *Santa Maria in via Lata*, nous dit-il. Il demeurait là, Paul de Tarse! Lié à un soldat, sa prison vivante, il attendait le jugement de César. Captif du Christ, il prêchait le Christ; et malgré les chaînes de César, la parole de Dieu n'était pas liée.

« Ici, sous la dictée de l'Esprit-Saint, furent écrites ces lettres que saint Ambroise appelle le lait dont l'Église a été nourrie dans son berceau, et qui sont demeurées les sources intarissables de la science de Dieu. Ici se formait ce nuage, dit saint Augustin, qui, roulant au gré du souffle divin dans tout l'orbe des cieux, verse partout le feu, la lumière et la rosée, *illuxerunt fulgura ejus orbi terræ*.

« Certes, les édits impériaux rencontraient de l'obéissance parmi les hommes et courbaient promptement les têtes altières ! Mais quel empereur a été et sera jamais obéi comme ce captif qui écrivait là, derrière ces murailles, prescrivant des lois que jamais empereur n'eût osé donner, que jamais puissance humaine n'aura le pouvoir d'abolir?

« Paul, apôtre du Christ et docteur des nations ! Il disait de lui-même cette chose magnifique : « Je suis établi docteur des nations dans la foi et la vérité de Jésus-Christ. » Il se glorifiait de ne savoir rien des sciences humaines, de ne savoir que Jésus crucifié ; mais c'était de Jésus-Christ même et non des hommes qu'il avait appris à connaître Jésus-Christ, et je ne m'étonne pas qu'il ait vaincu le monde. Il a donc vécu là !

« Là, prisonnier, *Paulus, vinctus Christi Jesu*, il écrivait aux Éphésiens : « Priez pour moi, afin que
« Dieu me donne des paroles pour annoncer libre-
« ment l'Évangile, dont je suis le ministre, même
« dans les chaînes, et que je le publie avec hardiesse,
« comme je dois. » Là, déjà fatigué par l'âge, *Paulus senex*, ayant besoin d'assistance, il se privait pourtant des services de l'esclave fugitif Onésime, pour le renvoyer à son maître. »

Mais, en le renvoyant, quelles paroles nouvelles dans le monde s'échappent de son cœur, et de combien d'esclaves cet esclave qui retourne sous le joug ne porte-t-il pas la liberté !

« Je vous prie pour mon fils Onésime que j'ai en-
« gendré dans mes liens. Je vous le renvoie et je vous
« prie de le recevoir comme moi-même, non plus
« comme un simple esclave, mais comme celui qui

« d'esclave est devenu l'un de nos frères bien-aimés,
« qui m'est très-cher, à moi, et qui vous le doit être
« encore beaucoup plus, étant à vous et selon le
« monde et selon le Seigneur.

« Que s'il vous a fait tort, ou s'il vous est rede-
« vable de quelque chose, mettez cela sur mon
« compte. C'est moi, Paul, qui vous écris de ma
« main, c'est moi qui vous le rendrai. Oui, frère,
« que je reçoive de vous cette joie dans le Seigneur.
« Donnez-moi au nom du Seigneur cette consola-
« tion. »

« Quelle tendresse dans cette âme de héros ! Un prédicateur français du dix-huitième siècle disait qu'il ne voulait que le caractère et la vie de saint Paul pour prouver l'Évangile. En effet, tout l'Évangile, toute sa sublimité, toute son ardeur, toute son humilité et toute sa charité, est en lui. Et comment ne pas croire à la divinité de l'Évangile, lorsqu'il fait de tels hommes !

« Paul a souffert tant de travaux, reçu tant de coups, subi tant d'injures ! et il demande que l'on prie afin qu'il parle avec une généreuse hardiesse, comme il doit. Ravi au troisième ciel, il a vu Jésus-Christ, son propre sang entre les mains, intercédant comme pontife et s'offrant comme victime; et la grandeur de ses révélations comme la grandeur de ses services lui apprend l'humilité : il se fait le père, le frère et la caution de l'esclave. »

Ainsi parla Fra Gaudenzio ; et nous posâmes nos lèvres sur la muraille de *Santa Maria in via Lata*.

VII

UN PAPE AVILI.

A quelques pas dans le Corso, nous vîmes un certain mouvement devant une église dont la porte était décorée d'une tenture pourpre. Cette tenture nous indiquait l'exposition du saint Sacrement. Il y a toujours une église à Rome où le saint Sacrement est exposé, et c'est ce que l'on appelle l'adoration des *Quarante heures*. Nous entrâmes. L'église est dédiée à saint Marcel, pape.

L'autel était illuminé avec le luxe et le goût particulier des Romains; une foule silencieuse remplissait la nef. Nous nous mîmes à genoux parmi ces fidèles et nous rendîmes grâce à Dieu. Je sais s'il est doux de se trouver dans Rome ; mais cette joie n'est bien connue que lorsqu'on y revient.

Au bout de quelques instants, Fra Gaudenzio me présenta son bréviaire ouvert : — Voyez, me dit-il, où nous sommes. Et voici ce que je lus dans le livre de la gloire et de la prière catholique, à la seizième férie de janvier, fête de saint Marcel, pape et martyr. Jamais je n'ai mieux respiré le parfum des premiers siècles :

« Marcel, Romain, occupa le Saint-Siége depuis
« le temps de Constance et de Galère jusqu'à celui
« de Maxence. Il institua dans la ville vingt-cinq
« paroisses, afin que le baptême et la pénitence fus-
« sent administrés aux infidèles qui embrassaient la
« religion du Christ, et la sépulture donnée aux
« martyrs. Maxence le sut et en fut irrité; il menaça
« Marcel des plus cruels supplices, s'il ne déposait
« le pontificat et ne sacrifiait aux idoles.

« Marcel ayant dédaigné ces injonctions insensées
« de la voix de l'homme, Maxence le fit emprisonner
« dans les écuries des bêtes destinées aux jeux pu-
« blics. Il y vécut neuf mois, s'appliquant au jeûne
« et à la prière et visitant par ses lettres les paroisses
« qu'il ne pouvait plus visiter en personne. Délivré
« par les soins du clergé, il reçut l'hospitalité de la
« bienheureuse Lucine, dans la maison de laquelle
« il dédia l'Église qui porte aujourd'hui son nom.
« Les chrétiens s'y réunissaient pour prier, et le
« bienheureux Marcel les instruisait.

« Maxence, en ayant été informé, fit transférer
« les bêtes dans cette Église même, et condamna
« Marcel à les servir. Ce fut en ce lieu qu'affligé de
« cruelles infirmités, Marcel s'endormit dans le Sei-
« gneur. La bienheureuse Lucine l'ensevelit au ci-

« metière de Priscille, sur la voie Salaria, le 17 des
« calendes de février : il avait siégé cinq ans, un mois
« et vingt-cinq jours.

« Marcel a écrit une épître aux évêques de la pro-
« vince d'Antioche, touchant la primauté de l'Église
« romaine, où il prouve qu'elle doit être appelée *la*
« *tête des Églises.* Il établit que nul concile ne peut
« être valablement tenu que par l'autorité du Pon-
« tife romain. Au mois de décembre, il avait or-
« donné vingt-cinq prêtres pour Rome, deux diacres
« et vingt et un évêques pour divers lieux. »

Voilà le Pape des premiers temps et le Pape de tous les temps, et toute la vie apostolique. Quelle sérénité, quelle miséricorde, quel sentiment de force éternelle ! Et quel écho dans la splendeur présente de cette maison de la bienheureuse Lucine; maison sainte, consacrée en Église; Église transformée en écurie et d'autant plus sacrée; écurie redevenue une Église d'autant plus auguste, où nous vénérons comme martyr le pontife fidèle que l'imbécillité de la force avait cru dégrader en l'attachant au service des animaux !

Notre pensée vola vers le Latran, où Constantin, vainqueur de Maxence, installa dans son propre palais, comme maître de Rome, le successeur immédiat du pape saint Marcel. La glorieuse inscription de l'Église mère et maîtresse de toutes les églises de la ville et du monde retentissait en nous. Elle attestait ce que le captif de Maxence avait proclamé du sein de l'infecte prison où l'imbécillité de la force croyait le faire mourir.

Établi sur la pierre ferme et méprisant de folles menaces, le captif affirmait son droit, sa puissance et son éternité. Et c'était le geôlier qui allait mourir.

Comme nous nous entretenions de ces pensées, nous nous trouvâmes au pied de la colonne triomphale décernée par le Sénat à l'empereur Marc-Aurèle Antonin. Le sage Antonin s'intitulait lui-même : « Auguste, parthique, germanique, sarmatique, souverain pontife, tribun vingt-huit fois, empereur sept fois, père de la patrie, proconsul. » A tous ces titres, le Sénat ajouta la divinité et lui éleva cette colonne en souvenir de ses victoires sur les barbares.

La colonne était cependant tombée. Sixte-Quint l'a relevée et donnée à saint Paul. Elle porte la statue en bronze doré du frère et patron de l'esclave Onésime, et elle dit : « Maintenant que je porte le disciple du Christ, qui par la prédication de la Croix triompha des Romains comme des barbares, c'est maintenant que je suis triomphale et sacrée. »

Nous arrivons à notre logis, près de la place d'Espagne, sur les premières pentes du Pincio. Là s'élève le palais de la Propagande, où toutes les langues apprennent à confesser Jésus-Christ, et où s'allument les flambeaux qui portent dans tout l'univers la clarté du Vrai. Si nous avions l'œil des saints, nous verrions des légions d'anges s'envoler de ce lieu.

In omnem terram exivit sonus eorum ! Ainsi chante l'Église en la fête des Apôtres; et Dieu disait à Isaïe : « J'enverrai vers les peuples qui sont au delà des mers et dans les îles reculées, vers ceux qui n'ont jamais entendu parler de moi ; et tous vos frères reviendront à vous, et j'en choisirai parmi eux pour en faire des prêtres et des lévites. »

Devant le palais de la Propagande, Pie IX a érigé la colonne de l'Immaculée Conception. C'est un débris antique ; la vérité dont il porte le symbole est plus vieille que lui. Ce monument est bien à sa place, à l'entrée du séminaire de toutes les nations : *Beatam me dicent generationes.*

O Rome ! ô terre de la lumière, des miracles et de la miséricorde ! Jusqu'à notre porte, nous trouvons quelque chose de Dieu. De l'autre côté de la rue, sous nos fenêtres, est l'église de *Sant' Andrea delle Frate;* une pauvre église longtemps sans gloire, sans histoire et sans nom.

Un jour, il y a vingt ans, dans cette église entra par hasard un juif, accompagnant notre cher Théodore de Bussière. Par hasard, le juif se trouva seul devant l'autel. Il ignorait toute religion, il haïssait le christianisme. L'autel s'éclaira, une image apparut et sourit. Le juif n'entendit rien et comprit tout : il sortit chrétien, il est prêtre, et l'odeur du miracle est restée dans la pauvre église de Sant' Andrea.

Nous voulûmes remercier Fra Gaudenzio. Il nous dit que c'était à lui de nous rendre grâces, parce que nous lui avions fourni l'occasion de gagner des indulgences. A Rome, il y a une indulgence pour celui qui remet l'étranger dans son chemin, ou qui lui montre la ville.

LIVRE III

PAPES ET EMPEREURS.

Après ces émotions de l'arrivée, je ne trouvai ni ne cherchai le repos. J'entendais de grandes voix, je voyais de grandes images ; les souvenirs du plus lointain passé surgissaient dans ma mémoire, mêlés aux choses du présent. Le Vicaire de Jésus-Christ dominait tout. Les autres figures passaient ou se transformaient ; celle-là demeurait immuable et toujours la même.

Je voyais les empereurs et l'empire se soulever contre le Pape, et tomber en poussière. Je voyais le Pape prendre cette poussière et former des rois et des peuples qui bientôt, ingrats et insensés, conjuraient sa perte et couraient à la leur. Ils passaient laissant des ruines; lui restait debout, la main sur les choses qui ne doivent pas périr.

Je le voyais dans la clarté des temps pacifiques, l'œil tourné vers les orages futurs, alimentant de sa main prévoyante la lampe qui fait le véritable jour. Je le voyais dans les ténèbres, portant de sa main fidèle le seul flambeau qui ne fût pas éteint, soutenant de sa main puissante le seul édifice qui n'eût pas croulé, relevant de sa main tendre et patiente les décombres sous lesquels gémissait la terre.

Aux jours d'orgueil, quand l'homme tombe dans l'adoration de ses propres œuvres et ne connaît plus d'autre Dieu que lui-même, je le voyais braver cette démence. D'une voix calme, sans crainte et sans colère, il disait aux peuples : « Vos idoles ne sont que des démons; c'est le Seigneur qui a fait les cieux. »

Ainsi l'histoire se déroulait en mon esprit, pleine d'un seul homme; mais cet homme est l'homme de Dieu qui est venu quand le monde périssait sous l'empire de Satan, pour arracher le monde à Satan et l'emporter dans la lumière, dans la paix, dans la vie de Dieu. L'œuvre n'est pas achevée, le combat n'est pas fini, mais l'homme de Dieu vaincra.

Il ne craint pas, il ne meurt pas. Il a longuement expérimenté l'infécondité de la force et l'impuissance misérable de la mort. *Il y a des funérailles d'où s'exhale une odeur de vie.* C'est l'odeur que l'on respire à Rome depuis les funérailles de saint Pierre, et elle monte incessamment d'un millier de tombeaux. Elle n'a point menti aux siècles passés, qui ont été l'avenir. Pourquoi mentirait-elle maintenant?

Sous ce ciel qui ne change point, je ne vois rien de nouveau. Le Pape n'a en face que de vieux adversaires, et l'essai d'aujourd'hui n'est que la prolongation d'une entreprise qui compte dix-huit siècles d'avortements.

I

NÉRON ET PIERRE.

Octave avait pu se faire Auguste; Auguste empereur fut fait dieu. Il eut des temples, des prêtres, des sacrifices, lui vivant. Il se vit obligé de borner l'empressement qui lui dressait des autels. Voilà Rome et le monde romain au comble de la splendeur, dans la plus parfaite floraison des arts, de la philosophie, de la littérature et de la victoire, au lendemain de Cicéron, de Brutus et du grand Jules, aux jours de Virgile et d'Horace, quand la paix fermait le temple de Janus.

Point d'appareil de force, peu de troupes dans

Rome et dans l'Italie. Auguste habitait une maison de particulier, sans gardes; il allait par les rues vêtu d'une toge de laine; et on ne l'aimait point, et il pouvait tout : assez défendu par la terreur de n'avoir point de maître ou d'en avoir un pire que lui. Il était le protecteur des délices, le distributeur des emplois. Consuls, patriciens, chevaliers, Rome entière et le reste du monde se ruait dans la servitude.

Auguste meurt; le monde, *turba salutatrix*, se place sur deux rangs et incline le front devant Tibère. Tibère était connu : de la boue détrempée de sang. Il ne fut que plus servilement adoré. Caligula et Claude passent et sont dieux. Pierre de Galilée vient habiter Rome. Satan le sait, se hâte et fait Néron. Néron monte sur le trône d'Auguste; Néron est le maître et le dieu du genre humain; plus dieu qu'Auguste et que Tibère, plus dieu que Caligula et Claude, dieu à ce point qu'il croit lui-même à sa divinité et qu'il lui rend hommage.

Néron, chef-d'œuvre de l'insolence et de la haine de Satan qui veut être adoré dans ce composé de toutes les corruptions, ardent à tous les crimes! Néron est fou, féroce, tout-puissant et lâche, et en même temps Néron est un lettré, un artiste, un magnifique. Il a en lui toutes les sèves et toutes les lumières de la civilisation romaine. Il en est le fruit suprême, qui ne pouvait se former sur un autre sol ni mûrir à une autre heure. Néron est la maturité de Rome; il fallait Rome et César et le siècle d'Auguste pour produire Néron.

Il a l'instinct de ce qu'il doit faire, il est fidèle à sa vocation. Il jette Rome dans le sang et dans le feu, mais il la plonge aussi dans les voluptés et dans le mépris, et l'y engage si avant qu'elle ne pourra se déprendre. Il donne le dernier tour et la dernière main à la corruption païenne, et le Christ luttera longtemps contre cet ennemi capable de déconcerter tous les sages; il donne à la canaille de Rome le goût du sang chrétien, et elle en aura soif trois cents ans.

Pierre n'est que le chef d'une secte méprisée, fouetté à Jérusalem, compté à Rome pour si peu de chose qu'on lui a laissé la vie. Néron devine le Pape; il le prend et le tue. Chose étrange! ce sang de rien lui fait honneur auprès de son peuple. Le peuple de Néron a les instincts de Néron; il hait les chrétiens à peine encore visibles aux yeux des politiques. Déjà, sans doute, les chrétiens visitaient les pauvres, et en leur portant des aumônes ils cherchaient à les éloigner du cirque et du lupanar qui étaient surtout les temples où l'on servait les dieux.

La persécution des chrétiens couvrait l'incendie de Rome et alimentait le cirque; l'instinct de Néron ne pouvait voir plus loin. Dieu cependant fait son œuvre par la main de Néron; il jette les assises de sa Ville au milieu de la cité de Satan. Dans les fondations de cette Rome du ciel il faut des pierres éprouvées. La persécution y pourvoit. Durant trois siècles, elle écartera les faux sages, les gens de compromis et de mélange qui s'offriront pour dresser la Croix sans renverser les idoles, pour concilier Jésus-Christ et Satan. Arrière, arrière, il faut choisir!

La sagesse humaine choisira, et par son choix elle montrera ce qu'elle est, et les hommes qui cherchent Dieu dans la droiture de leur cœur la connaîtront et la jugeront; et par ce moyen encore la cité infernale périra, et les murs de l'édifice sacré croîtront et monteront vers le ciel. Vous allez les voir, les stoïques, les fiers, les fils de la grandeur et de l'antique vertu romaine, qui demandent le règne des lois et qui pleurent la liberté. Ils choisiront de servir ce qu'ils méprisent et de persécuter ce qu'ils honorent, et Tacite n'aura que les vertus qui n'empêchent pas d'être sénateur.

Ainsi Néron pourra revivre dans ses successeurs, et les meilleurs tiendront assez de lui pour que leur sagesse égare, pour que leur modération corrompe, pour que leur humanité fasse couler le sang. Ainsi la fange païenne deviendra sans cesse plus épaisse et plus profonde, et les armes ni la liberté de Rome n'auront plus de héros. Les héros seront pour le Christ : à lui tous les grands esprits, toutes les grandes âmes! Par ces vainqueurs qui n'ont voulu que mourir, Rome se trouvera conquise en moins de temps qu'elle n'en a mis à sortir du Latium. Néron s'est trompé, Satan s'est trompé ; quiconque lutte contre Dieu sera trompé.

Néron n'en reste pas moins la personnification la plus complète du règne de Satan. Il est l'expression suprême de l'empire du mal, le vicaire du diable, comme Pierre, qu'il a tué, est le vicaire de Jésus-Christ. Satan ne fera jamais mieux que Néron. Toutes les copies qu'il en a données sont inférieures à ce modèle. Il n'a jamais fondu au même degré la cruauté, la luxure, la bassesse et le ridicule. Il fallait que Néron fût ridicule, il fallait que cette bête qui foulerait le genre humain comme la grappe dans la cuve ne fût ni un lion ni un tigre, mais un pourceau. Satan n'est pas satisfait de broyer l'homme, il veut le moquer. En toutes ces figures de Néron qui ont souillé la terre, on retrouve le pourceau.

Il se vautrait en débauches sans nom, il y trempait tout ce qui avait été l'honneur de Rome. Bel esprit, auteur, artiste, jardinier, chanteur, danseur, cocher, il ne paraissait qu'entouré d'histrions en tout genre dont il était la fortune et la risée. Quand il allait donner des représentations, il se faisait suivre de ses claqueurs. Il renversait les montagnes et en élevait d'autres. Sa maison couvrait deux des collines de Rome. Dans ce palais tout d'or, de marbres rares, de pierres précieuses et de curiosités, il donnait des fêtes et quelquefois s'amusait à faire mourir les convives. Il aimait les fleurs, les parfums et la gloire. Il était poltron. Il ne tuait pas toujours pour son plaisir, il tuait souvent parce qu'il avait peur, mais cela lui faisait toujours plaisir de tuer. C'est bien Néron qui devait crucifier Pierre !

Tel était le cinquième héritier de César, l'empereur qui se trouva le premier face à face avec l'Église et qui tua le premier Pape. Il régna dix ans. Après lui la puissance impériale put descendre à Domitien, elle put passer par les mains d'Héliogabale. Elle fut portée par d'autres fous, volée par des soudards, achetée par des faquins, et Néron parut grand ; mais il fallait un maître. Tant qu'il y en eut un, la multitude, réunie dans le cirque, le salua des mêmes acclamations : « Tu es le maître, tu es le pre-
« mier : bonheur à toi ! Plus heureux que tous, à toi
« la victoire ! *Ab œvo vinces*, tu vaincras éternelle-
« ment ! » C'était Titus, c'était Caracalla, c'était Didius Julianus, c'était Maxence, peu importait à la foule. Et peu lui importait qu'un coup d'épieu mît fin à l'éternité de l'empereur : un autre empereur donnerait à la foule du pain et des jeux.

Mais si tous les empereurs ont été fidèles à la politique de Néron ; si les doux et les féroces, les sages et les fous, ceux qui auraient davantage compté sur la séduction et ceux qui ne comptaient que sur le fer, sont venus au même point contre le christianisme et ont tué les chrétiens ; les Papes, de leur côté, n'ont pas été moins fidèles à la politique de Pierre. Les savants et les simples, les hardis et les timides, ceux que la violence ne peut épouvanter, ceux que la caresse entreprend d'amollir, tous viennent au même suprême argument : Mieux vaut obéir à Dieu qu'aux hommes ! Ils meurent. L'histoire des successeurs de saint Pierre, pendant 250 ans, est terminée par les mêmes mots : « Couronné du martyre ; enseveli près du bienheureux Pierre, au Vatican. »

Où arrive-t-on ainsi ? A Constantin. Saint Marcel venait de mourir, esclave, attaché au service des bêtes ; les acclamations du cirque venaient de saluer Maxence ; la croix paraît dans le ciel, Constantin la plante sur le Latran, *ab œvo vinces!* La statue de Néron, haute de cent pieds, qu'il s'était érigée à lui-même, statue de Nabuchonosor, se dressait encore à l'une des entrées de l'amphithéâtre : mais l'empire n'était plus. César baptisé abandonne le gouvernement de Rome au pape Sylvestre et à ses successeurs, « n'estimant pas que l'empereur de la terre dût retenir la puissance, là où l'Empereur du ciel a établi le principat du sacerdoce et le chef-lieu de la religion. » Il emporte dans ses bagages le souverain pontificat des dieux, moins pour le prendre que pour ne pas le laisser.

Précaution de la politique humaine, promptement funeste à la dynastie du héros qui venait d'affranchir l'Église et au nouvel édifice impérial dans les fondements duquel il jetait ce bloc ruineux. Il ne fallait ni emporter ni laisser le pontificat des idoles, il fallait l'abolir. Parce qu'ils étaient souverains pontifes des dieux, les successeurs de Constantin se crurent pontifes de Jésus-Christ; ils tentèrent continuellement de régir l'Église, de changer la doctrine, d'accomplir par l'art des prêtres de cour et des eunuques ce que n'avaient pu faire les bourreaux. L'empire d'Orient y a succombé, l'église de Dieu en a tiré son éclat et sa gloire. Rome avait fait les martyrs, Byzance a fait les docteurs; et, comme le corps du Christ s'était agrandi dans les tortures, la doctrine du Christ se développa et resplendit dans les contestations.

L'Église ne regretta pas d'avoir vu finir la longue période du martyre. Quelques chrétiens s'accoutument à en parler comme d'un temps heureux et plein de gloire. — « Eh bien, disent-ils, nous rentrerons dans les Catacombes! » Moins assurée de leur constance, l'Église prie Dieu de ne les point mettre à l'épreuve. Lorsqu'elle célébrait le triomphe des martyrs, elle avait à pleurer la honte des apostats et le malheur horrible des bourreaux. A ces théoriciens affronteurs du martyre, elle répond en demandant à Dieu de lui donner la paix, afin qu'elle puisse le servir en tranquillité. Aux théoriciens de la violence qui la menacent de mort, elle montre ce fleuve de sang qui a submergé l'empire et porté la croix de Jésus-Christ sur le temple de Jupiter Capitolin.

II

SAINT GRÉGOIRE Iᵉʳ, SAINT GRÉGOIRE II, LÉON L'ISAURIEN.

D'AILLEURS, aussi certainement qu'elle sait qu'aucune persécution ne la pourra détruire, l'Église sait que la persécution ne lui manquera jamais. La férocité des Césars de Rome est vaincue, voici la félonie des Césars de Byzance, voici les coups traîtres, les mains parricides soudoyées par la lâcheté ; voici en même temps les invasions. Depuis Constance jusqu'à Léon l'Iconoclaste, près de quatre siècles d'avanies, d'insultes, de fourberies infâmes, et les Vandales, les Huns, les Goths, les Lombards ! Mais dans l'intervalle, saint Grégoire le Grand a paru. Grégoire, patricien de Rome; par la majesté antique de sa constance, le dernier de l'ancienne Rome, qui ramassait en lui tout son éclat pour mourir ; par la douceur magnanime de cette constance, le premier des nouveaux rois de la maîtresse du monde.

La suprématie de Byzance avait réduit l'Italie à un état que Muratori peint en deux mots : Plus de bras pour la moisson ni pour la vendange. Les Lombards d'Alboin passaient dans ces solitudes, emmenant captifs ceux des habitants que la famine et la peste avaient épargnés. Du haut des murs de Ravenne et de quelques autres forteresses, redoutables seulement aux Italiens, les garnisons grecques regardaient ces malheureux dont les maisons brûlaient et que les barbares traînaient en esclavage, liés comme des chiens. Le grand courage de saint Grégoire n'en pouvait plus. Il s'écriait : Mon âme est lasse de vivre !

Il voyait le monde crouler; il croyait que les derniers jours étaient venus. Néanmoins, il ne refusait pas le labeur. D'une main il empêchait Rome de disparaître; de l'autre, il jetait par delà les mers, dans l'île lointaine des Bretons, la semence d'où naîtrait bientôt un nouveau peuple catholique. Il luttait contre la peste, contre les tremblements de terre, contre les barbares hérétiques et les barbares idolâtres, contre le paganisme mort et infect, mais qui restait à ensevelir; il luttait contre son propre corps, faible et accablé de maladies : et l'on peut dire que l'âme seule de Grégoire était la seule chose entièrement saine qui fût dans tout le genre humain.

Grégoire est le fondateur apparent du pouvoir temporel, et l'un des modèles parfaits du Prince chrétien. Au milieu de cet universel écroulement, il n'apparaît pas seulement comme guide, mais comme roi. Il exerce par pitié, mais avec plénitude, la souveraineté matérielle qui était en germe dans les mains de Pierre, et qui avait été reconnue dans les mains de Sylvestre. S'il ne l'exerçait pas, tout périrait; il n'y a plus d'empereur ni de chef sur la terre; tout pouvoir est tombé aux mains des eunuques et des brigands.

Le droit a disparu. Nulle part aucune autorité ne s'exerce plus par voie légitime. La force est maîtresse de tout; maîtresse brutale qui ne respecte rien, maîtresse d'un jour qui ne fonde rien; qui se joue de l'humanité et dont la trahison se joue. Le poignard plus que l'épée, le poison plus que le poignard, élève et renverse les trônes, et ces trônes, en s'élevant et en croulant, écrasent l'espèce humaine.

C'est par l'amour des peuples, par la grandeur sacrée de sa dignité, par la fermeté de son cœur, par les ressources inépuisables de son esprit, que Grégoire combattit tant de fléaux. Il obtint la paix; il l'acheta. Il releva Rome et l'entoura de remparts; et ces soins ne l'empêchèrent pas de nourrir les pauvres et d'héberger les pèlerins, suivant la constante tradition des Papes. Il fit autre chose encore, la chose que font tous les grands Papes : il légua à ses successeurs une politique qui le continuait.

Ainsi on se tira lentement du désastre, on sauva les sciences, on reprit haleine et l'on prépara les forces nécessaires pour résister à la folie infâme et furieuse de l'Isaurien, un rustre devenu empereur de Byzance, qui voulut faire abattre les saintes images. Mécontent des résistances qu'il rencontrait là où se lisaient encore les vieux livres, un jour l'Isaurien fit brûler une bibliothèque, et quelque trentaine de bibliothécaires qui se trouvaient dedans.

Ce qui n'empêcha pas, par la suite, plusieurs habiles et fins lettrés de donner l'Isaurien comme un protecteur de la liberté, et de flétrir comme un séditieux le Pape qui lui résista. Ce digne Isaurien essaya six fois de faire assassiner le Pape qui prétendait sauver les images; six fois il manqua son coup. Les fins lettrés aiment tant l'Isaurien, qu'ils lui pardonnent sa maladresse. Ils pratiquent le pardon des offenses, ils sont du côté des faibles. Un Pape, cela eut toujours la vie si dure! un pauvre maître du monde, cela fut si fragile en tout temps!

Saint Grégoire II vainquit l'Isaurien par ses successeurs. Comme saint Grégoire I*er*, il fonda la politique nécessaire pour ce temps. Sans attaquer des droits que, seul en Italie, il reconnaissait et maintenait encore, il leur opposa le droit supérieur que l'imbécillité criminelle du Byzantin se flattait d'anéantir. Je me souviens de la parole ingénue d'un écrivain français, homme de collège et bon royaliste :

« *Malheureusement* pour les empereurs, dit-il, la vertu la plus remarquable, unie à la plus profonde sagesse, siégeait alors sur la chaire de saint Pierre. Durant quatre-vingts ans, sept Papes, *aussi vénérés par leur sainteté* que *redoutables à leurs souverains* par leur *adresse* politique, se succédèrent à Rome. » Ces historiens de collége ont une manière à eux d'expliquer les choses !

Cette chaîne d'or de sept Papes redoutables à *leurs* souverains, mais vénérés pour leur sainteté, conduisit le monde à saint Adrien, ami de Charlemagne. Elle termina la première époque de la suzeraineté impériale. Il y a le système du Pape feudataire, comme il y a le système du Pape sujet. Le Pape est maître dans Rome, et Rome fait partie d'un royaume quelconque. Ce système a ses partisans, qui le croient peut-être nouveau, et qui assurent que la Papauté et la Religion s'en trouveraient fort bien. On en a essayé : il donnait un prétexte à l'insolence de la tyrannie, à l'insolence des factions, à l'insolence de l'impiété; il provoquait l'Isaurien et le Copronyme à décréter des articles de foi. Après des siècles de patience, les Papes ont dû le rompre pour sauver la Papauté, la Religion, et Rome et l'Italie.

Ne franchissons pas cette période sans rappeler que ce fut saint Grégoire II qui prit le beau titre des Papes. Quand le brutal iconoclaste accablait le Pape de ses messages portés par des assassins, il s'affublait des protocoles pompeux qui dénoncent l'enfantillage des maîtres de la terre. Le Pape, répondant à l'Empereur, signait : Grégoire, serviteur des serviteurs de Dieu, *servus servorum Dei*. La royauté allait paraître entière et intacte aux mains des Papes; ils rappelaient plus solennellement qu'ils représentent Celui qui est venu pour servir.

III

LE NOUVEL EMPIRE ET LE NOUVEL EMPEREUR.

Le monde et l'Église même ne croyaient pas que l'empire d'Occident fût mort à jamais. A travers les crimes de Rome et de Byzance, l'humanité entrevoyait dans l'empire l'institution humaine que devait enfanter l'institution divine de l'Église. Il fallait un bras à la justice, une force au droit, une protection à la vérité, un gardien armé de la paix. L'empire païen avait été une parodie infernale de cette pensée de Dieu ; elle devait être reprise et réalisée par l'Église, dont la mission est de tout établir et de tout ordonner en Jésus-Christ.

Dès le temps de Clovis, saint Avit, évêque de Vienne dans les Gaules, petit-fils d'un empereur, avait presque annoncé aux Francs que l'empire d'Occident renaîtrait d'eux. Mais le noviciat des barbares n'était pas fini. Avant d'entrer sous le régime de l'autorité, le genre humain avait à se désaccoutumer du despotisme. Il fallait que le torrent des invasions passât et repassât dans Rome, emportât le sénat, emportât les idoles, emportât du peuple l'infection de la débauche et de l'esclavage, creusât des abîmes entre Byzance et l'Italie, entre l'Italie et les autres parties de l'Europe; divisât en familles de peuples la multitude qui avait porté le joug, et, plaçant chacune en son lieu, fît les frontières, comme autant de forteresses où la liberté de l'Église enfanterait la liberté des nations. A ces conditions s'élèverait le saint Empire romain.

Tantæ molis erat Romanam condere gentem.

Les débris de l'empire formaient des empires qui, se choquant les uns contre les autres, croulaient aussitôt en fragments ennemis. L'Église s'en emparait, leur donnait une forme, leur assignait un ordre où la règle n'exclurait pas la liberté. Ses monastères, hardiment semés dans le chaos, résistaient aux tempêtes qui arrachaient les trônes. A ces arbustes, à ces brins d'herbe, les peuples errants se rattachaient et enfin prenaient demeure. Là s'élevaient les hommes qui ne désespèrent point. *Patientia pauperum non peribit in finem.* Les moines travaillaient les peuples comme ils travaillaient la terre ; leur patient travail fertilisait toutes les aridités, disciplinait tous les torrents. Un jour, il se trouva que l'Église avait élevé un nouveau genre humain; Charlemagne apparut, rayonnant de courage, de candeur et de bonté.

Il y avait sept siècles et demi depuis Néron, quatre siècles depuis Constantin. On a vu quel empereur l'Église naissante avait trouvé dans le monde, et cet empereur était l'expression du monde païen. Voici

Charlemagne, l'empereur que l'Église, libre depuis quatre siècles, donne à son tour au monde, et cet empereur est l'expression du monde que l'Église a formé. Monde encore inachevé sans doute, encore engagé dans le limon, et dont la tête lumineuse a conçu des plans que l'infirmité des organes inférieurs l'empêchera d'accomplir. Mais ce monde existe néanmoins; il va faire et il fera longtemps des œuvres sublimes; et après dix siècles, humilié, trahi, abattu peut-être, il existera encore; il se souviendra, il brûlera de généreux désirs; il ne pourra succomber sans qu'avec lui succombent et s'éteignent tant de clartés, que ce ne sera plus un monde, mais le monde qui périra.

Pépin, digne de mettre au jour Charlemagne, avait *restitué* à saint Pierre les villes prises sur les Lombards. Le Byzantin qui les réclamait sans droit les réclama sans fruit. Le Lombard, lorsqu'il n'avait plus sur la gorge le fer carlovingien, oubliait ses serments : Charles le contraignit de les remplir et confirma l'acte de Pépin, non-seulement par un mouvement de sa piété, mais aussi à la prière et par le vœu des peuples, dont il tenait compte. Tous les hommes vraiment grands savent démêler ce que la conscience publique réclame de vraiment juste. C'est-là le génie des fondateurs, et leurs œuvres et leur gloire durent longtemps. Le fils de Pépin écouta le vœu des peuples. Pour les délivrer des Grecs et des Lombards, des eunuques et des brigands, il affermit le trône pontifical, il planta devant son épée : *Guai a chi la tocca!* et le roi Charles devint Charlemagne.

« Quand la dent lombarde mordit la sainte Église, « Charlemagne, sous les ailes de l'aigle romaine, vint « à son secours et fut victorieux. » C'est tout ce que le Dante accorde à Charlemagne. Le Dante est grand poëte, et si l'on veut grand théologien; il n'est pas grand et intelligent catholique. Gibelin toujours et en tout, donnant ou refusant la gloire à tors et à travers, suivant qu'on a été ou qu'on aurait pu être Gibelin ou Guelfe, il n'aime pas Charlemagne, qui ôta l'empire à la prétendue descendance de César, et qui ne le garda pas assez pour lui. Charlemagne un protégé de l'aigle romaine! Il s'inquiétait bien de cet oiseau! Il était le fils et le missionnaire de l'Évangile, le dévot auxiliaire du Christ; il combattait sous les ailes de la Croix.

Il comprit, aima, respecta, paracheva ce grand ouvrage de la Providence : l'établissement du pouvoir temporel du Pontife romain, l'intronisation définitive du Christ dans le lieu où Satan avait le plus triomphé. *Christus vincit, Christus regnat, Christus imperat.* Et tout se trouva réuni dans la constitution de ce pouvoir : le droit divin, l'antiquité, toutes les formes et toutes les conditions du droit humain. L'Église était propriétaire par la donation des possesseurs légitimes, par le vœu et la reconnaissance des peuples rachetés, par le cours des événements, par l'investiture ou la consécration du droit de conquête. Car Pépin et Charlemagne avaient légitimement conquis sur les Lombards ce que les Lombards avaient légitimement conquis sur les Grecs, usurpateurs du droit plus ancien de l'Église.

Charlemagne est par excellence entre les souverains l'homme de l'Église. Son maître politique a été le Pape saint Adrien Ier. Adrien devina Charlemagne, l'appela, l'aima, le dirigea près de vingt ans. Charlemagne est l'antithèse de Néron. Il n'y a pas d'homme plus grand, je ne sais s'il s'en est trouvé de plus aimables. On eût dit que la nature l'avait fait avec plus de soin qu'un autre, et s'était longuement préparée. Pépin d'Héristal déjà grand, Charles Martel davantage, Pépin meilleur. Charles Martel avait repoussé l'invasion des Sarrasins, Pépin avait vu l'Église, Charlemagne y entra. De bonne heure il s'était senti roi de la part de Jésus-Christ et guide du peuple chrétien, *rector christiani populi*.

Ce qui reste en lui du barbare n'est que grâce et ingénuité, quelque chose comme la candeur d'une jeunesse forte, ardente et pure. Il est patient, clément, courageux, généreux, docile. Il veut le bien, il y croit. Il aime Dieu et les pauvres, et les armes et la science. Il ne doute point des droits de Dieu, il ne se donne point repos lorsqu'il faut les défendre; il porte la lumière dans le monde, il fait plier le barbare sous son épée, et il se met lui-même à l'école comme un enfant.

Il étudia toute sa vie. Il présidait une académie dans son palais et se rendit assez savant pour donner une leçon correcte des évangiles conférée sur les manuscrits latins, grecs et syriaques. Suivant le goût du temps, il s'appliquait à devenir bon calligraphe, rêvant de lettres ornées, poussant l'amour des beaux manuscrits jusqu'à vouloir en fabriquer lui-même. Mais, grand en ce point comme en tout le reste, il faisait mieux qu'exceller, il acceptait le moindre rang. Nullement Trissotin, nullement enclin à infliger la mort ou l'exil à quiconque écrivait, faisait des vers, chantait ou peignait mieux que lui.

Il s'entourait d'honnêtes gens et il les aimait. Engilbert, Éginard, Alcuin, le duc Guilhem, qui devint saint Guilhem de Gellone, Benoît, qui devint saint Benoît d'Aniane, et tant d'autres, tous honorés des contemporains et de la postérité, tels étaient les courtisans de Charlemagne. Pareille cour s'est peu vue! Comme la décence et l'honneur, l'amitié y régnait. Ce grand roi était le roi des amis. Les chroniqueurs parlent de ses larmes quand ses amis mouraient ou se faisaient moines.

Les antichrétiens et les protestants, qui ont leurs raisons pour haïr Charlemagne, l'ont accusé de cruauté. Ils ont dit que c'était un convertisseur sanguinaire, qu'il avait baptisé les Saxons dans leur sang. Ils sont doux et humains, ces gens-là! ils ont horreur de la violence, et ils pleureront toujours les pauvres Saxons. Les Saxons s'étaient révoltés dix-huit fois, tuant les représentants de Charlemagne, envahissant ses domaines. Il condamna à mort des ennemis vingt fois graciés, des traîtres qui avaient vingt fois violé leurs serments ; il fit grâce à ceux qui demandèrent le baptême, parce qu'il espérait que ceux-là deviendraient des hommes nouveaux.

Quand ces redoutables Saxons furent vaincus par les armes et surtout par la foi, Charlemagne, pour montrer sa reconnaissance au Dieu qui donne la victoire et au bienheureux Pierre qui l'avait obtenue, leur consacra sa conquête. Il rendit aux Saxons leurs antiques libertés, les déchargea de tout tribut envers lui et les rendit seulement tributaires de l'Église, et quelques-uns d'entre eux ses sujets. Réduisant ensuite leur pays en provinces, à l'exemple, dit-il, des anciens Romains, il le partagea en diocèses, et pour le garder dans le devoir, il y établit des cathédrales. A la place des proconsuls, des évêques!

On accuse ses mœurs privées ; Bossuet dit qu'elles furent toujours exemplaires. Il a promulgué des lois admirables contre les désordres que l'on veut qu'il ait partagés. En présence de l'Église et du monde, avec une simplicité évangélique et une assurance d'homme de bien, il condamnait la fraude, le vol, l'adultère et la luxure : « Que chacun de nos sujets
« sache que celui qui sera convaincu de quelqu'un de
« ces crimes perdra tous ses honneurs s'il en a ; qu'il
« sera mis en prison jusqu'à ce qu'il se soit amendé

« et qu'il ait fait la satisfaction due, et aussi qu'il
« sera séparé de toute société des fidèles, tant nous
« devons craindre la fosse dans laquelle nous savons
« que d'autres sont tombés. »

Pour achever de peindre l'Empereur et l'Empire, écoutons comment de son temps et encore après lui, l'Église pouvait définir et proclamer les devoirs de la royauté. Voici les décrets des conciles, promulgués par Louis le Débonnaire :

« La justice du roi est de ne faire peser sa puis-
« sance sur nul homme injustement ; de juger entre
« l'étranger et ses proches sans acception de per-
« sonnes ; d'être le défenseur des gens sans appui,
« des pupilles et des veuves ; — de réprimer les vols
« et de punir les adultères ; — de ne pas élever les
« méchants, de ne pas entretenir les impudiques
« et les histrions ; — d'abattre les impies, de ne lais-
« ser ni vivre les parricides ni prospérer les par-
« jures ; — de défendre les églises, d'assister les pau-
« vres par l'aumône ; — de commettre les justes au
« soin des affaires publiques ; — d'avoir des con-
« seillers âgés sages et sobres ; — de ne pas s'appli-
« quer aux superstitions des mages, des devins et
« des pythonisses ; — d'ajourner le ressentiment ;
« — de défendre la patrie avec force et avec droi-
« ture ; — de ne pas s'enfler dans les prospérités,
« de supporter patiemment les adversités, de prati-
« quer en tout la foi catholique envers les hommes
« et envers Dieu ; — de ne pas souffrir que ses princes

« vivent en impies ; d'assister à certaines heures aux
« prières; de ne rien prendre avant les heures de
« repas convenables, car il est écrit : Malheur à la
« terre dont le roi est un enfant et dont les princes
« sont à table dès le matin.

« Telles sont les causes de la prospérité d'un
« royaume en ce monde, et c'est ainsi qu'un roi par-
« vient au royaume du ciel. »

IV

LA PAIX A ROME.

Le Pape saint Adrien Ier sut tirer parti de la prospérité, comme ses prédécesseurs avaient su lutter contre les catastrophes. D'une main prévoyante il prit la tutelle du monde renaissant. Romain, plein du magnifique génie de Rome antique pour les grands et nobles travaux, il agrandissait encore et sanctifiait tous ses desseins par le zèle des âmes. Il voulait que Rome devînt la merveille et l'école du monde, mais il le voulait pour remplir sa charge de père des pauvres et de serviteur des serviteurs de Dieu.

Déjà, depuis l'Isaurien, la charité des Papes, cette partie si éclatante et si persévérante de leur politique, enrichissait Rome des folies de Byzance. Accueillant les artistes que ruinait et chassait l'hérésie, ils leur donnaient Rome à rebâtir. De toutes parts s'élevaient des palais, des tours de défense, des églises, des portiques. Adrien acheva ces ouvrages commencés par ses prédécesseurs et les porta à un point de grandeur et de perfection qu'ils n'avaient pas même pu rêver.

Songeant aux Sarrasins et à d'autres périls de l'avenir, il termina d'abord les remparts. On y comptait 383 tours, 7,020 bastions, 2,066 grandes meurtrières. Jamais empereur n'avait tant fait. Il répara les anciens aqueducs, œuvre jugée impossible; il ramena sur leur lit aérien ces fleuves qui alimentaient prodigalement la ville, car il est écrit : L'abondance des eaux réjouit la cité de Dieu. Et ensuite, *amator ecclesiarum*, il rebâtit les églises.

Un de ces travaux d'Adrien, que Charlemagne dut admirer, fut de construire de vastes galeries couvertes « en faveur des pèlerins », pour relier entre elles et avec les murs de la ville les basiliques restaurées et embellies de Saint-Pierre, de Saint-Paul et de Saint-Laurent. Or, entre ces édifices, la distance est de plusieurs milles, et l'on employa douze mille blocs de travertin pour les seules fondations des premières arches de la galerie qui touchait aux rives du Tibre.

Cette colonnade ornée d'autels et de chapelles, revêtue d'inscriptions, parée de mosaïques, courait à travers les champs parmi les ruines et les tombeaux des âges païens. Une des parures extérieures de l'ancienne Rome, ville de la mort, c'étaient les tombeaux. La nouvelle Rome, chef-lieu de la vie, s'annonçait par des temples et des basiliques dédiés aux apôtres et aux martyrs du Dieu vivant. Elle avançait au dehors ses colonnades grandioses et joyeuses, comme des bras amis pour accueillir le voyageur, qui n'était plus un étranger, mais un hôte et un fils, et souvent le fils prodigue, plein d'amour, assuré du pardon. Sous les galeries du Pape Adrien, on ne voyait pas seulement le Franc de Charlemagne, humble dans la joie de sa victoire, le Breton qui venait demander des livres, le Saxon converti qui accourait recevoir la bénédiction ; là se pressaient aussi le Lombard pénitent et le Grec réconcilié.

La ville elle-même était plus belle que le soleil ne l'avait jamais vue. Toute refaite par l'art de Byzance, alors parvenu à son exquise maturité, art charmant, savant et vivant, majestueux, mais non pas froid comme l'art romain, elle brillait d'or, de marbres, de mosaïques, d'eaux bondissantes, de débris et d'ouvrages antiques honorablement relevés. Elle était déjà pleine de colléges nationaux; on y parlait de nouveau toutes les langues de la terre : mais aucune de ces langues n'était plus la langue de la captivité, toutes adressaient la même prière au même Dieu. Voilà ce que la main à peine libre des

Papes avait déjà ouvré sur ce sol piétiné par les barbares, et encore frémissant de la chute du monde.

Alaric, poussé par un instinct qui lui disait de multiplier la désolation ; Genseric, sur l'aile du vent qui souffle contre ceux que Dieu veut punir ; Attila, le fléau dans la main de Dieu, avaient tour à tour saccagé Rome. Et après tous ces coups de bélier la haine des nations n'était pas assouvie ; Totila, plus impitoyable, accourut sur Rome pour la vider absolument. Lorsque, quarante jours après la retraite de Totila, Bélisaire, escorté de quelques escadrons, pénétra dans la ville en ruines, il eut peur. Les remparts jetés à terre obstruaient les entrées dépouillées de leurs portes ; l'herbe poussait dans les rues embarrassées de décombres.

Arrivé au Capitole, Bélisaire osa rompre le silence qui régnait partout ; il fit sonner la trompette et agiter les aigles : aucune voix ne répondit. Il n'y avait plus de sénat, plus de peuple, plus d'homme vivant dans la cité qui avait contenu six millions d'hommes. La grande Rome était morte ; son cadavre appartenait aux bêtes sauvages échappées des cavernes où le sénat, toujours païen, les avait gardées jusqu'à la dernière heure pour être une ombre des anciens plaisirs du peuple, que l'on appelait toujours le peuple-roi. — O peuple de Rome ! crains les maniaques qui aujourd'hui encore te parlent de ta royauté ! Les vents qui enlèvent la couronne, et le roi et la ville, sont encore aux ordres de Dieu.

De cette poudre, de ce néant, en moins de deux siècles, les Papes avaient tiré la merveille que nous venons d'entrevoir, cette Rome si belle, si riche, si ordonnée, où la Religion était une fête permanente; ville des arts, ville de la science, ville du chant, école du monde, qui charmait les yeux, les oreilles et le cœur intelligents de Charlemagne. Et, après l'avoir visitée lentement, priant avec amour sur les tombeaux des martyrs et des saints, ce grand homme qui voulait, lui aussi, bâtir et civiliser, ne demandait au Pape d'autre récompense personnelle que de pouvoir emmener quelques professeurs de musique sacrée, afin de fonder dans ses États une école de chant.

Rome contenait d'autres fondations d'Adrien, chères à Charlemagne, qui devait les imiter. Le Pape avait donné son patrimoine propre, « pour que les produits en fussent à jamais consacrés à ses frères les pauvres du Christ. » Mais il ne suffisait pas à ce grand cœur de songer aux pauvres de sa ville royale: il établit encore trois riches diaconies pour assister les pèlerins indigents. Adrien voulait que l'on pût venir à Rome de toutes les contrées du monde, et que le dernier enfant du Christ ne fût pas privé de la joie d'implorer Pierre sur son tombeau, ni de l'avantage d'étudier à cette école de toute science sacrée et humaine. Voilà les prodigalités du Pape Adrien. Elles rappellent la création plus vantée de son homonyme l'empereur philosophe, — l'un des meilleurs ! — cette fameuse villa *Hadriana,* où le maître du monde avait mis l'effort de son goût, de sa puissance et de sa fortune, et dans les fondations de laquelle, sur la parole d'un devin, il versa le sang des sept enfants de Symphorose. Glorieuse mère, huit fois martyre en un seul jour.

« Comme Thèbes, Babylone ou Carthage, dit Gibbon à l'époque de saint Grégoire le Grand, Rome aurait disparu de la terre, si la cité n'avait pas été animée par un principe vital qui la rendit de nouveau aux honneurs de la domination. » On a vu qu'en effet ce principe vital, dont Gibbon est l'adversaire et même le négateur, ne manquait pas d'énergie. Sous le successeur immédiat de saint Adrien, il prouva sa fécondité en ressuscitant ou plutôt en créant l'Empire ; car le nom était ancien, mais la chose même était nouvelle. Ni le saint Pape Léon III ne pouvait rien faire, ni le grand et bienheureux roi Charles ne pouvait rien être qui ressemblât à l'Empire et à l'empereur d'autrefois. De son propre mouvement, de sa pleine puissance, le Pape créait le *Saint-Empire.*

Par là immédiatement il consacrait un tuteur et un défenseur de la république chrétienne et de l'Église, encore menacées par de nombreux et terribles ennemis; il enracinait l'ordre dans le monde, l'idée de l'ordre, pour le jour trop prochain où Charlemagne n'y serait plus ; il donnait un corps à la grande pensée de l'unité du genre humain dans la foi de Jésus-Christ, pensée et volonté de Dieu que le genre humain commençait à comprendre, et dont le pieux génie de Charlemagne avançait si puissamment la réalisation. Charlemagne avait été la force intelligente, fidèle et docile au service de la vérité, la force humblement fière de son noble rôle, reconnaissante de la gloire qu'il lui attirait. Le Pape consacrait cette force et lui donnait l'onction divine.

Le Roi sur son trône, le Pontife sur le sien, dit Bossuet, et le genre humain se repose à l'abri de cette concorde. La beauté, l'activité, l'abondante vie de Rome sous les Papes Adrien et Léon se reflétaient dans tout l'empire. Les monuments sortaient de terre, les églises germaient et florissaient, les monastères se multipliaient. Charlemagne en fonda vingt-quatre, et le chant des louanges divines retentissait partout, la lumière de l'étude s'allumait partout. On se hâtait d'ensemencer la terre de christianisme, comme par pressentiment des mauvais jours qui allaient venir. Les grands de Charlemagne, les premiers après lui et ses fils, déposaient leurs vêtements d'or et leurs épées qui étaient presque des sceptres, et prenaient l'habit monastique. L'Anglais Macaulay remarque que, si les monastères n'avaient pas été semés sur le sol, la société européenne n'aurait consisté qu'en bêtes de somme et en bêtes de proie.

A Rome, depuis saint Adrien Ier jusqu'à saint Léon IV, malgré les troubles qui survinrent dans l'empire, la paix et la prospérité durèrent près d'un siècle. Durant cette époque, à l'ombre de Rome, naquit la nouvelle Italie; la population s'accrut, les arts fleurirent. Mais il y a dans l'humanité un esprit destructeur de l'humanité, qui lui fait haïr les voies de l'ordre, hors desquelles elle ne peut vivre, et qui sans cesse, par des leurres absurdes et puissants, l'attire en de plus âpres chemins.

V

ROME SÉCULARISÉE.

Les petits princes s'élèvent, les Carlovingiens descendent, les Sarrasins accourent en Italie. Les petits princes font alliance avec les Sarrasins, les indignes descendants de Charlemagne demeurent inactifs. Un seul homme se dresse au milieu de tant de traîtres et de lâches : c'est le Pape Jean X, un de ceux que l'on calomnie davantage, et que l'histoire doit le plus honorer. Il fait, comme il peut, un empereur; la matière première devenait rare! Sans se confier au génie de ce prince, il prend lui-même le commandement de l'armée qu'il est parvenu à réunir, attaque les Sarrasins retranchés sur le Carigliano, et les défait complétement. Cette bataille gagnée de la main du Pape refoule l'invasion qui allait submerger l'Italie, l'Europe et la civilisation. Bientôt les Papes fonderont la politique des croisades.

En attendant, la tempête de sang s'accroît et se prolonge. On y voit apparaître des Sarrasins, des Hongrois, un roi d'Italie, toutes sortes d'aventuriers vainqueurs pour un jour. Ils tuent, ils détruisent, ils dévorent : *Omnia vastando*, disent les chroniques. Il n'y a plus d'empereur, ou l'empereur est lâche, ou impuissant, ou traître à la chrétienté. Le Pape est chassé de Rome, captif dans Rome, au pouvoir des factieux et des scélérats. On revoit les jours des anciens Lombards. Les crimes les plus bas, les mensonges les plus vils, donnent le pouvoir, et les entreprises les plus atroces en sont l'ordinaire emploi. Une horrible confusion règne partout et sans bornes. Elle envahit l'Église. On rejette dans les dignités ecclésiastiques le rebut de ce monde rebutant. Le valet qui ne pouvait plus être un assassin, ces princes émancipés du Pape en faisaient un évêque. Baronius trouve que l'Église avait été moins menacée sous les païens.

C'est le dixième siècle, « âge de fer par la férocité des mœurs stériles en vertus, âge de plomb par l'excès effrayant des vices, âge de ténèbres par le défaut d'historiens. » Et voilà le monde sans le Pape, ou du moins avec un Pape sans puissance et sans liberté. Rome est complétement sécularisée. Dans le feu, dans le sang et dans la nuit, la société expérimente ce système que nous entendons préconiser aujourd'hui comme la solution de toutes les difficultés. Le Pape n'est plus libre, Jésus-Christ n'est plus libre et la civilisation succombe : le pauvre peuple est écrasé, il est la victime universelle, on le mange.

Le plus épais de cette nuit dura soixante-dix ans. Il y passa vingt Papes, qui furent plus ou moins les jouets infortunés des tyranneaux de Rome, et quelques-uns leurs créatures. C'est l'époque misérable que les ennemis de l'Église signalent comme celle des scandales de la Papauté. On s'explique leur zèle pour la renouveler ! Sur ces vingt Papes, il y en a six que Baronius lui-même accuse; mais Muratori en relève et glorifie quatre, d'après des documents que Baronius n'avait point connus. L'Église ne périt pas, parce que Dieu l'assistait. Et parce que Dieu assistait l'Église, la Papauté, soumise à d'indignes entraves, ne laissa pas d'être encore la colonne de la société.

Les germes semés avec tant d'abondance par le siècle carlovingien mûrissaient dans les monastères. Il y avait des saints partout. On allait voir la féodalité chrétienne. Les esprits courts qui déclament contre la féodalité, devraient la regarder au dixième siècle et considérer ce que l'Église en a fait. Au plus fort du péril, lorsque l'on croyait, comme au temps de saint Grégoire Ier, que le monde allait finir, l'Église travaillait sans désespérer. Les cloîtres renfermaient autant d'hommes éminents que de saints, et tous les saints sont toujours de grands hommes. Delà sortaient ces évêques admirables, ces fondateurs de monastères nouveaux qui convertissaient les barbares et même les scélérats, contenaient le présent dans sa décadence, préparaient l'avenir.]

Dès que le onzième siècle a commencé, la scène change. Les royaux pèlerins sont plus nombreux et plus fréquents dans Rome. Ce qu'ils y viennent chercher, ce qu'ils y trouvent, un d'entre eux nous le dira pour tous. Peu de princes avaient été plus durs que le roi de Danemark et d'Angleterre, Canut le Grand, demi-païen, quoique baptisé. Docile aux conseils de saint Égelnoth, archevêque de Cantorbéry, il vint à Rome, d'où il écrivit à toute la nation des Anglais (1027) : qu'ayant fait ce saint voyage pour la rédemption de ses péchés, il a voué de mener une vie exemplaire et de gouverner selon la justice et la piété, regrettant les fautes de sa jeunesse, et résolu de se corriger avec l'aide de Dieu. Il adjure donc ses conseillers et magistrats, s'ils veulent conserver son amitié et sauver leur âme, d'avoir soin désormais de ne transgresser aucune loi, ni en faveur de l'homme puissant, ni en crainte du roi, ni dans le dessein de remplir le trésor royal; car le roi n'a pas besoin d'argent levé par injustice.

VI

SAINT GRÉGOIRE VII.

Mais ces lumières de Rome, qui enflammaient saintement le cœur des rois barbares, n'échauffaient plus celui des empereurs. L'empire transféré aux Allemands redevenait païen ; les successeurs de Charlemagne se portaient héritiers de César. Déjà ils posaient et mettaient en pratique l'étrange doctrine que l'empire est le seul souverain, le seul propriétaire de tout le monde, la loi vivante des princes et des particuliers. L'Église était sous le joug. César voulait investir les évêques et faire le Pape. La Papauté, à peine délivrée des liens ignobles où l'avaient enlacée les factieux de Rome, devait lutter contre cette prétention de la puissance régulière. A la surprise de l'empire et du monde et de l'histoire, la Papauté surgit du cachot où la veille encore la tenait un Crescentius ; et l'empereur Henri IV se trouve en présence du moine Hildebrand, homme de rien, sans origine, devenu Grégoire VII.

Il dit à l'empereur que Dieu seul est souverain ; que le Christ, Fils de Dieu fait homme, a été investi de cette souveraineté; qu'il n'y a pas de puissance parmi les hommes ni de droit de commander, si ce n'est de Dieu et par son Verbe; et qu'il n'y a pas d'interprète infaillible de la loi divine, si ce n'est l'Église catholique. Que par conséquent l'empereur entreprend sans droit de s'établir comme la loi vivante du monde, et qu'il l'entreprend en vain; que la conscience des peuples relève de l'Église catholique et non pas de la puissance séculière; et que l'Église catholique n'abandonnera ni les peuples ni elle-même, ni Dieu, mais que par la voix de son chef elle décidera les cas de conscience entre les peuples et les rois.

Le Pontife n'a que son droit, l'Empereur dispose de toute la force humaine. La lutte s'engage. Tout autre qu'un Pape ne l'aurait jamais entreprise, elle était impossible. Mais les Papes savent qu'ils sont dans le monde pour faire l'impossible quand l'intérêt des âmes le demande, parce que c'est la volonté de Dieu, et que dès lors ce sera l'œuvre de Dieu. Ils engagent le combat contre toute espérance de succès, un autre le reprend, un autre encore; les défaites se succèdent et s'accumulent; et un jour, quand tous les héros sont morts, l'ennemi victorieux vient trébucher sur leur tombe.

Saint Grégoire VII avait pour lui la conscience et l'admiration du genre humain. Henri IV lui reproche d'avoir gagné la faveur du peuple. Mais la faveur du peuple est passagère; elle se donne, elle se retire. Le généreux Pontife mourut en exil, et on le crut vaincu. Il eut des successeurs. Avant d'être élevé au pontificat, il avait désigné quatre Papes. Au moment de mourir, il en désigna trois, qui régnèrent après lui. Que peuvent les hommes contre la Providence qui suscite de tels combattants, qui leur donne une telle constance, et qui par de tels moyens prolonge leur noble vie? On peut dire que le pontificat de saint Grégoire VII va de saint Léon IX (1048-1054), son premier protecteur et son premier disciple, au pontificat de Pascal II (1099-1118) : soixante-dix-ans. Mais Pascal II lui-même eut des successeurs pleins du même esprit, saints et magnanimes, qui jusqu'à Innocent IV (1243-1254) soutinrent l'effort des Césars allemands, et abattirent enfin sinon leurs prétentions, du moins leur espérance. La connivence du Pape leur eût donné l'empire du monde, ils ne l'eurent pas.

Les Césars d'Allemagne ne furent point des hommes médiocres ni médiocrement puissants. Cent ans après Henri IV, c'était Frédéric Barberousse. Le Pape était Adrien IV, un autre homme de rien, comme Hildebrand, et moins encore. Un jour on lui avait ouvert un monastère à la porte duquel il demandait son pain. Voilà l'obstacle de l'empire! Barberousse, ayant été salué empereur de Rome et du monde, prétendait que ce ne fût pas un vain titre. Il produisait une consultation de légistes, qui décidait qu'en effet l'Empereur exerce de droit une domination universelle et absolue, dont ni peuple, ni ville, ni individu ne peuvent s'exempter. Les juristes impériaux prononçaient ainsi contre les villes lombardes, qui réclamaient quelque liberté. Outre ses juristes, César avait son armée et de nombreux partisans en Italie.

Adrien, élu Pape, fit dire à ce superbe de venir lui rendre hommage, et voulut qu'il tînt les rênes de sa monture : c'était l'usage légal. Cet usage prouvait à l'empereur qu'il y avait une puissance au-dessus de sa force, un droit au-dessus de sa volonté. Les juristes, et plus encore les démocrates, frémissent au souvenir des exigences papales. Ils veulent des empereurs qui soient la loi vivante... dans leurs mains, et qui ne soient pas sacrés! Les villes lombardes applaudirent au Pape, l'Empereur plia. Plus tard, après dix-huit ans de règne et de triomphes, après avoir fait un antipape qui ne défendait pas les libertés lombardes, Barberousse dut plier encore devant Alexandre III, un pauvre vieillard que la puissance impériale avait poursuivi partout, chassé de partout, rasant de fond en comble les villes qui restaient dans son alliance. Quand l'Empereur eut les mains pleines de victoires, il fallut congédier l'antipape qui suivait la cour, et envoyer au Pape légitime, qui était fugitif. On le chercha longtemps à travers la campagne. Il refusa de traiter, à moins que César n'admît le droit des villes. César avait besoin de la paix : il céda. En réponse aux prétentions de

César, la Papauté avait affranchi l'Église et fondé les républiques italiennes.

Ce n'était pas fini. Un nouveau César s'éleva pour être dieu, et il eut un caractère nouveau. Dans ce monde formé par l'Église, jusqu'ici les ennemis mêmes de l'Église avaient été chrétiens. Barbares, ignorants, pleins d'orgueil, mais croyants. Beaucoup d'entre eux firent pénitence; Barberousse mourut à la croisade. Frédéric II fut vraiment un païen, et de la pire espèce, de l'espèce hypocrite. Pupille du grand et pieux pape Innocent III, il commença à genoux sa guerre cruelle contre l'Église et sa longue trahison contre la chrétienté. Il prenait la croix et machinait la perte de Damiette; il publiait des lois contre les hérétiques et se proposait d'introduire le mahométisme en Europe. Affreuse figure d'ingrat et de traître. Déloyal, voluptueux, vindicatif, patient, plein de ruse et de séduction, menteur jusqu'à jeter le masque pour mieux mentir, prodiguant les serments et toujours parjure, multipliant les traités et ne les exécutant jamais. Il s'était fait une force de la notoriété même de sa fourberie, s'arrangeant d'être d'autant plus craint qu'il était moins estimé. Il employait d'autres armes encore, plus funestes peut-être : en même temps qu'il communiquait à l'Italie l'infection des mœurs musulmanes, il y répandait des écrits contre la religion. « Trois imposteurs, disait-il, avaient paru sur la terre : Moïse, Jésus-Christ et Mahomet. » Ses chancelleries étaient munies de scribes exercés au sophisme, qui savaient caresser et exciter toute passion mauvaise, affaiblir et empoisonner toute vérité. Il leur faisait diffamer ce qu'il voulait faire mourir. Il était en alliance intime avec tous les pervers et tous les impies; il endormait, trompait ou effrayait les souverains fidèles. Dieu lui laissa un règne de trente ans.

Il accablait les souverains de ses manifestes, habilement rédigés par Pierre Desvignes, le chef de ses scribes. Le Pape Innocent IV disait de ces documents que c'était « de l'absinthe emmiellée par des sirènes. » Frédéric s'y représentait comme le défenseur des rois contre la tyrannie cléricale, comme le vengeur de Dieu et le sauveur de l'Église elle-même. Il voulait empêcher l'Église de se perdre! Elle était, disait-il, écrasée de puissance et de richesse; l'empereur devait la décharger de ces biens pernicieux et la ramener aux temps primitifs, quand les Papes menaient une vie apostolique et imitaient l'humilité de Notre-Seigneur : en ce temps-là ils voyaient les anges, guérissaient les malades, ressuscitaient les morts et soumettaient les rois, non par les armes, mais par la sainteté. — L'Église libre dans l'État libre!

A saint Louis même Frédéric écrivait de la sorte, lui demandant de travailler avec lui pour affranchir l'Église du poids de ses biens temporels. Il comptait tromper sa droiture, il ne faisait que l'éclairer. Le serpent ne sait pas que la colombe a des ailes. Il enlaçait tout dans ses nœuds; il se voyait encore jeune, il se sentait puissant. Cependant il entrait dans sa décadence, il était près de sa fin. Déjà excommunié quatre fois, il avait usé trois Papes. Mais Innocent IV, échappant à ses embûches, à ses serments et à ses traités, venait de lancer une cinquième fois la foudre. Devant ce pontife dépouillé, fugitif et invaincu, Frédéric allait voir chanceler l'insolence de sa fortune.

Innocent IV accepta le débat devant les rois. Il soutint le droit antérieur et supérieur du Pontife contre les prétentions illégitimes et l'abus de la puissance séculière. Il posa nettement la question, comme la Papauté, qui n'a rien à cacher, l'a toujours posée devant le monde. Il dit que le Christ, vrai roi et prêtre, a fondé dans les mains du bienheureux Pierre, non-seulement la principauté sacerdotale, mais encore la principauté royale, et lui a confié les rênes des deux empires, ce qui est clairement insinué par la pluralité des clefs. Alors fut abolie la tyrannie, ce gouvernement sans frein et sans loi, qui auparavant était général dans le monde. Constantin l'abdiqua dans les mains de l'Église et reçut d'Elle en échange le titre authentique et légitime du pouvoir chrétien. Le Pontife ajoute que même la puissance du glaive dérive de l'Église. C'est l'Église qui, au couronnement de l'empereur, lui donne le glaive, et elle a droit de lui dire : Remets ton glaive dans le fourreau. Quand donc l'empereur, au lieu de couper l'ivraie, coupe les rejetons fertiles, au lieu de protéger les innocents protége les malfaiteurs, il prévarique; et ce n'est point usurpation ou injustice, c'est charité de lui ôter le glaive par l'usage duquel il perd follement le monde et son âme. Tel était le langage du Pape lui-même aux rois eux-mêmes, le langage du droit.

En outre, le Pape faisait remarquer aux souverains que Frédéric, si abondant en faussetés sur les dangers dont l'autorité légitime et désarmée de l'Église menaçait les princes, avait soin de garder un absolu silence sur les prétentions des empereurs à la domination universelle. C'était le fait présent, vivant, durable. Frédéric et ses légistes ne donnaient aux autres souverains que le titre de rois *provinciaux*; il n'y avait dans le monde que des provinces de l'empire. Les empereurs, ne pouvant avoir l'Église pour complice, voulaient la subjuguer et la détruire, afin qu'elle ne traversât plus leur ambition. Cependant les princes n'osèrent pas défendre l'Église qui les défendait, et le Pape n'était assisté que du parti des libertés municipales en Italie. Mais Dieu se servit de ce faible moyen pour humilier l'empereur apostat. Frédéric fut battu par les bourgeois de Parme, et peu de temps après tomba lui-même sous la main vengeresse.

Il mourut dans son lit, les uns disent de mort naturelle, les autres étouffé par un de ses fils bâtards. Depuis quelque temps la foudre ne cessait de frapper autour de lui. Il perdait ses parents, ses amis, ses conseillers les plus intimes. Il avait fait crever les yeux de son scribe favori, Pierre Desvignes, soupçonné d'avoir voulu l'empoisonner, et ce misérable s'était tué lui-même, par crainte des tourments que pourrait lui infliger le maître dont il avait tant vanté les vertus. Il le connaissait. On dit qu'aux lueurs de la colère divine Frédéric vit clair et se repentit. Dieu poursuivit sa race; ses fils moururent coup sur coup, accusés de fratricide; rien ne resta de sa fortune ni de son nom. Ainsi se termina ce grand épisode de la lutte du sacerdoce et de l'empire, après deux siècles entiers. Durant ce temps, la Papauté avait fait les croisades, vaincu l'hérésie albigeoise, béni les ordres naissants de Saint-François et de Saint-Dominique, multiplié les universités, fondé les républiques italiennes, s'était à peu près affranchie de la tyrannie des républicains capitolins qui conspiraient avec les empereurs; et enfin elle avait dirigé le travail de civilisation le plus fécond qui se soit jamais fait dans le monde. Dieu lui accorda quelque repos.

VII

L'ITALIE SANS LE PAPE.

Le repos dure peu. Nous sommes à Boniface VIII. Dans la période précédente, la consolation venait de

France. De là vient maintenant l'amertume. Les semences de Frédéric ont levé ! Lorsqu'il s'agit de la France, Dante n'est plus gibelin. Il flétrit le sacrilége de Philippe le Bel : « Et comme pour dépasser
« d'un coup tout le mal qui s'est fait et tout le mal
« qui se fera, voici que dans Anagni entre le Fleur-
« delisé; et le Christ, devenu captif dans la personne
« de son vicaire, est de nouveau livré à la dérision,
« de nouveau supplicié entre les voleurs vivants,
« de nouveau abreuvé de vinaigre et de fiel. Je vois
« le nouveau Pilate et sa cruauté inassouvie : jusque
« sur le temple il porte ses convoitises sans frein. O
« Seigneur Dieu, quelle joie lorsque enfin éclatera ta
« vengeance ! Cette vengeance que tu prépares en se-
« cret et qui te rend douce la colère. »

L'exil d'Avignon est l'épreuve déjà faite d'un expédient indiqué de nos jours. On a proposé, de très-bas il est vrai, — mais rien ne peut sortir d'assez bas pour n'avoir pas l'espérance et ne pas inspirer la crainte d'aller très-loin, — on a proposé de mettre le Pape à Jérusalem. Là, dit-on, il ne gênera plus l'Europe, et néanmoins il sera indépendant, il pourra même être roi. Si l'inventeur de ce moyen est sincère, Dieu le sait. Qu'il ait peu de philosophie et peu de vue, cela est certain. Ceux qui se trouvent présentement gênés du Pape, en quel lieu le Pape ne les gênera-t-il pas ? Ceux qui ne le veulent point indépendant à Rome, en quel lieu le voudront-ils indépendant ?

Les Papes d'Avignon ne cessèrent pas de gouverner l'Église. La doctrine ne souffrit aucun dommage; les Papes ne la peuvent trahir ni fausser. Pour la discipline et pour les mœurs, ce ne fut pas la même chose. Les Papes ne faisaient plus tout ce qu'ils ont coutume de faire, et ce qu'ils pouvaient faire encore n'obtenait plus le même résultat. Sainte Brigitte a peint l'état effroyable du clergé à Rome et dans l'Italie. On y revoyait les scandales qui avaient enflammé le zèle de saint Grégoire VII. Parmi les religieux, ceux-là passaient encore pour réguliers qui portaient une figure de scapulaire sur leur cuirasse. Les princes qui devaient défendre Rome lui étaient « des larrons très-cruels; » les maisons tombaient, les églises devenaient des lieux immondes; les biens ecclésiastiques étaient envahis par des séculiers qui ne se mariaient point pour justifier leur possession et qui étalaient un désordre impudent. — L'Église libre dans l'État libre !

Cependant Dieu gardait l'Église, et dans cette putréfaction il suscitait des saints. Les saints redemandaient le Pape. Ils sauront contraindre la politique humaine à rompre les liens de la Papauté, et le Pape lui-même à secouer une sorte de crainte et de langueur contractée dans l'exil. Mais l'Italie, rien ne la garde plus; aucune puissance, aucune influence n'y peut plus mettre la paix; elle se déchire de ses propres mains. Écoutons le Dante, témoin oculaire : « Ah ! serve Italie, hôtellerie de douleurs,

« navire sans pilote au milieu de l'affreuse tempête,
« autrefois reine du monde, aujourd'hui basse pros-
« tituée, quels parmi tes enfants ne se font pas la
« guerre ? Ceux-là mêmes se dévorent entre eux qu'a-
« britent les mêmes murailles. Cherche au loin sur
« tes rivages, et puis regarde en toi-même, misé-
« rable, et vois s'il est encore un lieu où tu jouisses
« de la paix ! »

Mais le court gibelin voit le mal sans en démêler la cause, ou sans vouloir le remède. Il croit
que l'empereur seul manque à l'Italie. Il gour-
mande l'Italie qui ne désire pas assez la servitude impériale; il invective contre César qui ne
sait pas monter la cavale rétive, serrer le mors
et enfoncer l'éperon. Ce cri désespéré vers le despotisme impuissant nous apprend avec éloquence
où peut descendre l'Italie quand le Pape n'y est plus :

« Si toujours la selle tourne sous le cavalier, à quoi sert
que Justinien t'ait ramassée sous le frein. Plus grande en
est ta honte.

« Ah ! cavale qui devrais être obéissante et laisser asseoir César sur sa selle, si tu entendais bien les avertisse-
ments que Dieu t'a donnés !

« Et toi, Albert l'Allemand, regarde comme elle est
devenue fière et rétive pour n'avoir pas été corrigée de
l'éperon quand tu tenais la bride en main.

« Parce que tu l'as abandonnée, elle est devenue in-
domptée et sauvage. Tu devais t'affermir sur les arçons !

« Que du ciel étoilé tombe sur ton sang une juste réprobation ; qu'elle soit éclatante, inouïe ; que ton successeur en soit épouvanté !

« Toi et ton père, entrainés au loin par l'ambition, vous avez souffert que le jardin de l'Empire devint un désert.

« Viens à présent, homme sans cœur, et regarde : Montaigus, Capulets, Monaldi, Filipeschi : ceux-ci dans l'affliction, ceux-ci tremblants !

« Viens, cruel, et vois l'abaissement de tes nobles ; tâche de remédier à leurs misères ; vois comme on est en sécurité !

« Viens voir ta Rome qui se lamente, veuve et seule, et jour et nuit criant : « Mon César, pourquoi m'as-tu délaissée ! »

« Viens voir comme on s'aime parmi nous ! Et si nulle pitié ne t'émeut pour nous, prends honte du moins de ta renommée.

« Et toi, Dieu tout-puissant[1], qui sur la terre fut pour nous crucifié, est-ce donc que tes justes yeux se sont retirés de nous ?

« Ou, dans l'abîme de tes conseils, est-ce une préparation à quelque bien que nulle humaine sagesse ne peut deviner,

« Que les terres d'Italie soit ainsi toutes pleines de tyrans, et que le dernier des manants, dès qu'il est factieux, y passe pour galant homme ? »

---

[1] Il faut traduire ainsi, puisqu'il s'agit du Dieu crucifié ; mais dans le feu de son impérialisme païen, Dante oublie le nom de Jésus, et dit : *O summo Giove!* ô puissant JUPITER!

J'ai souvent pensé que Dante, s'il vivait de nos jours, serait sous-dictateur du Piémont dans quelque ville volée au Pape. Ce théologien n'a nullement l'intelligence de la fonction de justice, d'amour et de liberté que remplit dans le monde le Vicaire de Jésus-Christ. Le Vicaire de Jésus-Christ n'est pour lui que la machine à pardonner et à bénir, inventée ou réinventée par les penseurs de notre temps. Le vrai guide, le vrai chef, l'aîné et le Pontife de la race humaine est César, ce pape à cheval, dont tous les autres pouvoirs humains doivent tenir l'étrier, et qui, faisant siffler la cravache et enfonçant l'éperon, force la bête à le porter où il veut. Dante ignore que le Pape a fait tout en Italie ; qu'il y a fait la nationalité, car sans lui l'Italie eût été grecque ou française, ou allemande; qu'il y a fait la liberté, qu'il y a fait la civilisation, qu'il y a fait la langue même et l'art, tandis que le paganisme impérial n'y apporta jamais que l'anarchie, la ruine, la servitude sous le despotisme ou sous les factions. Mais, si le Dante ignore ou veut oublier les œuvres de la Papauté en Italie, il sait du moins parfaitement voir et décrire l'état de l'Italie lorsqu'elle n'a plus la Papauté, et la peinture qu'il en a laissée brille aujourd'hui d'un éclat de vérité rajeuni.

Le remède à tant de maux ne vint pas d'Allemagne, ni de France, ni des mains de César. Il vint d'Avignon et des mains du Pape. Peu à peu César, ne voulant plus être catholique, s'abaissait et s'en allait. Peu à peu le Pape, encore absent d'Italie, y remettait pourtant l'ordre. Un légat du Pape, Égidius Albornoz, grand chrétien et grand guerrier, un de ces hommes que la Papauté trouve toujours à point nommé lorsqu'ils deviennent nécessaires, déblaya le terrain, chassa les brigands, délivra les villes. Le Pape revint ensuite à Rome. Il la trouva dans un état voisin de celui où Totila l'avait laissée : dépeuplée, démolie. Il y avait eu pendant son absence un nouvel essai de république romaine, le bel essai de Cola de Renzi. Il en était resté des décombres dans la ville et aux alentours. Nicolas V commença de relever ces ruines. Mais une nouvelle et terrible tempête s'éleva, qu'il fallut encore laisser passer. On vit éclater le grand schisme, nouveau et merveilleux fruit des belles combinaisons de la sagesse humaine.

VIII

LE PROBLÈME.

Sans doute Dieu a voulu que son œuvre, son unique Église, fût à tous les yeux démontrée impérissable, puisqu'il a permis que de telles tempêtes se pussent déchaîner sur elle, et que de tant de catastrophes elle sortît toujours telle qu'il l'a conçue. Le schisme à peine étouffé, le protestantisme éclata. Il enleva à l'Église la moitié de l'Europe, et sa victoire dure encore. Cependant, à travers l'orage, la Papauté rebâtit Rome, présida et dirigea le concile de Trente, en exécuta les décrets, retint la France dans la communion romaine, rétablit sa domination incontestée sur tout ce qui lui appartenait en Italie. Depuis le grand Pape Nicolas V (1447) jusqu'à la révolution française, les papes demeurèrent dans leur ville et dans leurs États, plus paisibles possesseurs qu'ils ne l'avaient jamais été. Malgré de grands désastres, qui ont semé une graine de désastres plus grands, ce n'est pas l'époque la plus malheureuse du monde ; c'est assurément l'époque la plus heureuse qu'ait traversée l'Italie.

L'Europe, et particulièrement l'Italie, est tranquille quand la Papauté est tranquille, libre quand la Papauté est libre. Je sais à peu près ce que signifie aujourd'hui le mot de liberté ; mais quand je parle de liberté, il m'est permis d'entendre la liberté chrétienne, le droit de vivre suivant la loi de Dieu. Si l'Europe et l'Italie n'ont pas eu cette liberté tout entière, la faute n'en est point aux Papes. Du jour où l'Église est sortie des catacombes et a pu exercer une action directe sur le gouvernement des sociétés, les Papes n'ont cessé de poursuivre le même but, qui est de donner à l'individualité toute sa valeur en la disciplinant par elle-même, au moyen de la connaissance de Dieu.

Peu de princes avant et après Charlemagne ont compris ce plan et l'ont voulu favoriser. D'accord avec les sceptiques et les incrédules, les princes ont en général offert au genre humain un autre avantage, qu'il a préféré généralement : ils lui ont proposé de l'affranchir de la règle intérieure, lui laissant ignorer que la règle extérieure, le frein politique, devenant de plus en plus indispensable, pèserait de plus en plus sur toute liberté. Telle a été la séduction du césarisme, telle a été la promesse du protestantisme, telle est celle de la révolution; et ces trois choses sont une même chose, et cette chose est la suggestion de Satan, l'ennemi de l'homme parce qu'il est le rival de Dieu.

Malgré l'abondance et l'importance de ses victoires, Satan ne l'a pas emporté, puisque la société est encore debout, puisque la notion de la liberté n'est pas éteinte, puisque l'Église, en un mot, est encore, quoi que l'on fasse, la tête et le cœur du genre humain. Elle seule a subi tout l'effort de Satan, elle seule a résisté. Humainement sa victoire est inexplicable. Toutes les forces de la matière et de l'esprit, toutes les brutalités, toutes les subtilités, toutes les anarchies, tous les despotismes se sont conjurés contre elle, l'ont attaquée, l'ont accablée. Elle n'a jamais eu la force, à peine peut-on citer quelques courts moments où elle eut la paix. Pour les Papes personnellement, la paix n'a pas existé. Où marquer la nuit qui a été pour eux sans labeur, et le jour qui s'est écoulé sans angoisses ? Les Papes sont bien ces âmes dont parle le poëte : ils demandent à Dieu de mettre en fuite l'antique louve qui dévore plus de proies que tous les autres animaux, et de leurs yeux s'échappe goutte à goutte l'expiation du mal qui remplit l'univers.

Comment cette faiblesse a-t-elle soutenu le choc, et non-seulement résisté, mais encore vaincu ? Et que dire à ceux qui nient ici l'assistance visible du Ciel ? Perpétuellement l'histoire de la Papauté met la raison humaine en face de la main divine, et il faut s'incliner ou fermer les yeux. Il est vrai que beaucoup d'yeux se sont toujours fermés et se ferment obstinément ; mais cet aveuglement est une autre évidence, et le soleil poursuit sa carrière.

La main divine va-t-elle se retirer, ou les orages qui s'annoncent et qui tonnent déjà sont-ils encore une fois la mystérieuse préparation d'un but plus grand, que la courte sagesse de l'homme ne saurait prévoir ? C'est la question que se posait le poëte, en des jours qui n'étaient pas moins menaçants. Tous les ennemis à travers lesquels l'Église a passé sont debout devant elle, unis et coalisés ; ils agissent avec ensemble, ils sont pleins d'espérance, le secours n'apparaît nulle part. L'issue s'annonce plus favorable aux vœux du Dante qu'à ceux de quiconque garde encore un cœur catholique ! Le monde civilisé, à ce qu'il semble, est gibelin. Pour cette fois il est probable que la cavale sentira longtemps le mors, le fouet et l'éperon.

Cesare mio, perche non m'accompagne !

Mais si cela n'est pas la mort, cela n'est pas une solution et ne sera pas un triomphe. Quand on regarde ce vaste travail de Dieu pour la transformation du monde païen, et quand on voit l'œuvre encore inaccomplie, comment croire que de tels préparatifs n'aient eu d'autre but, même ici-bas, qu'une courte victoire! Il semble que Dieu a élevé le genre humain pour de plus longues destinées; et l'on prédirait plus volontiers qu'après ce triomphe imminent du césarisme et du protestantisme, César finira par promulguer le concile de Trente dans les pays aujourd'hui protestants.

Trois siècles après le César Néron, le César Constantin, pleurant, prit une bêche, et de ses propres mains commença de creuser les fondements de la basilique vaticane; et les larmes coulant de son visage ruisselaient sur les broderies de la robe impériale.

LIVRE IV

SAINT-PIERRE DE ROME ET LE COLISÉE.

A M. EUGÈNE VEUILLOT.

A toi, frère, le récit de notre première visite *ad limina Apostolorum*, au seuil des saints Apôtres. En te décrivant nos joies, nous consolerons le regret qui les accompagne. Que n'es-tu là, dans ce soleil, dans ces émotions, dans ces prières ?

Ce que nous admirons, tu l'as vu; les vœux que nos cœurs forment pour toi, ton cœur les a formés pour nous. Mais avec nous, tu croirais tout voir et tout goûter pour la première fois.

Il semble à notre sœur que c'est moi qui lui donne enfin sa Rome si désirée; et moi, regardant Rome par ses yeux ravis, j'y trouve des majestés et des grâces nouvelles.

C'est une ivresse pure, calme, profonde. Tu n'en jouis pas avec nous, voilà l'épine, voilà l'inévitable grain de sable qui blesse toujours le pied parmi les gazons et les fleurs.

La béatitude céleste se composera de la présence de tous ceux que nous aimons dans la présence de Dieu.

Suis-nous d'abord au Pincio, voisin de notre demeure. Nous sommes loin de Saint-Pierre et impatients d'y arriver; mais nous partons à la pointe du jour... et nous prenons le plus long.

I

VUE DE ROME.

Des nobles terrasses du Pincio, l'œil embrasse une vaste étendue de Rome. C'est elle, la voilà, l'invincible et immortelle Rome, la ville assise sur les sept collines, le grand laboratoire de Dieu où la main de Dieu reconstruit toujours la famille humaine, toujours brisée par l'ennemi!

Voilà Rome. Ses dômes couronnés de la Croix brillent au soleil levant. La basilique vaticane domine royalement ces splendeurs. C'est la montagne que vit Isaïe, la haute montagne élevée au-dessus des collines et visible de toutes les parties du monde; la sainte montagne, disait saint Cyprien, dont Dieu a fait la demeure de l'unité et de la vérité.

Oui, Londres et Paris remplissent plus d'espace, contiennent plus de richesses, font plus de bruit, sont plus redoutés. Montrez-moi la bourse de Rome, dites-moi où sont ses arsenaux? Point de bourse, point d'arsenal, point de flotte sur le Tibre. Balaam contraint par l'esprit de Dieu s'écriait : « Jacob est fort, parce qu'il n'y a point d'idole en Jacob ! »

Amené pour maudire le camp d'Israël, il disait au roi de Moab : « Comment puis-je maudire celui
« que Dieu n'a pas maudit? Ce peuple habitera seul
« et il ne sera pas mis au rang des nations. Qui
« pourrait connaître le nombre des enfants d'Israël!
« Oh ! que j'obtienne la mort des justes, et que mes
« derniers moments ressemblent aux leurs ! »

Depuis que le véritable Israël est apparu, la politique moabite a été plus heureuse : elle a du moins rencontré en abondance des devins et des prêtres d'idoles empressés de maudire. Leurs malédictions s'élèvent avec rage, et le monde n'entend pas d'autre bruit. Néanmoins c'est la prophétie de Balaam qui demeure :

« Israël est accompagné de son Dieu; dans ses
« rangs retentit le cri de la victoire promise à son
« roi. Qu'ils sont beaux tes pavillons, ô Jacob !
« Comme les cèdres enracinés sur le bord des eaux,
« ainsi sont les tentes que le Seigneur a dressées.
« Les nations fondront sur tes ennemis et les dévo-
« reront. Qui te bénira sera béni; qui te maudira
« sera maudit. » Amen !

II

LE CORBEAU.

Nous descendons vers la place du Peuple. L'église de *Santa-Maria del Popolo* couvre l'emplacement du tombeau des Domitius, où fut apporté et brûlé le corps de Néron, après que ce dieu, fuyant une émeute de prétoriens, se fut percé la gorge, non sans avoir fait beaucoup de façons. — C'est dommage, disait-il, je chante si bien !

Longtemps après, il y avait là un grand arbre; sur cet arbre venait constamment percher un corbeau.

Un jour, au pied de l'arbre, la pioche rencontra l'urne qui contenait la cendre de Néron. On jeta cette poussière, et le pape Pascal II bâtit l'église, à la prière et aux frais du peuple, pour purifier le quartier.

Hélas! l'exorcisme ne fut pas victorieux. Dans le même lieu, après trois siècles, le corbeau reparut, sous forme humaine. Il croassa; ses croassements réveillèrent l'esprit de Néron, et des veines du Christ coulèrent de plus larges fleuves de sang. C'est dans le couvent des Augustins de Sainte-Marie du Peuple que prit gîte leur confrère Martin Luther.

Néron, Martin Luther, deux artistes jaloux de faire admirer la beauté de leur voix, deux ouvriers de la même œuvre! Puisque Luther venait à Rome, il y devait rencontrer Néron. Luther devait dire ses dernières messes là où Néron reçut ses derniers honneurs, et fut regretté, et peut-être pleuré.

Il y a des lieux vraiment maudits, que ne peuvent purifier ni l'eau, ni le feu, ni le sang. Tu verras qu'un jour il se passera quelque chose d'effroyable sur cette place du Peuple où l'autel de Marie n'a pas empêché Luther de rencontrer Néron.

III

LA COLOMBE.

Nous nous engageons dans les rues qui mènent au Vatican. Ce ne sont pas les plus belles ni les plus intéressantes. Dans ce quartier, à cette heure matinale, Rome prend presque la physionomie d'une autre ville. Toutefois nous saluons des madones, des oratoires en plein air, des églises.

Sur l'emplacement de l'ancien Champ de Mars, le son d'une clochette et des chants religieux nous avertirent que le saint Sacrement allait passer. Nous nous mîmes à genoux. L'humble cortége, formé de pauvres, déboucha d'une pauvre rue, prit une rue plus pauvre, entra dans une pauvre maison. — O Jésus, père des pauvres, fortifiez ce malade, prenez l'âme de ce mourant !

O Jésus qui êtes venu pour les humbles, les petits et les méprisés de ce monde, et qui pourtant permettez que de nos jours un si grand nombre d'entre eux Vous soient arrachés, daignez rester au moins à ceux-ci, que l'on veut Vous arracher encore ; daignez, au moins ici, ne laisser aucun triomphe à Néron, à Luther, à Satan !

Dans les rues de nos villes orgueilleuses, nous n'avons plus cette joie et cet honneur de Vous rencontrer, et cette bénédiction de détourner un moment nos regards et nos pensées des négoces de la terre pour nous prosterner devant Vous. Nous ne voyons plus passer la Lumière et la Vie allant triompher de la mort. La mort a mis la main sur nous. Elle emporte sa proie dépouillée du signe de la résurrection.

Ne souffrez pas qu'elle règne ici, qu'elle Vous interdise la rue, qu'elle Vous force à Vous déguiser comme un banni qui rentre au mépris des lois; ne souffrez pas que Vos enfants de Rome soient condamnés à mourir, comme nous autres, ou privés de Vous ou privés de l'assistance de leurs frères qui vous prient pour eux.

Je vous le demande par les angoisses, les désolations et les révoltes de nos cœurs, lorsqu'il faut subir cette tyrannie de suivre un cercueil sur ces pavés infâmes qui portent toutes les souillures, mais où la Croix n'a pas le droit de se montrer. Oh! ciel, ce cercueil contient le père, ou l'épouse, ou l'enfant, ou la sœur; et celui qui l'accompagne ne peut pas reposer ses regards sur la Croix!

Pleins de pareilles pensées, nous rencontrons Coquelet, arrivé cette nuit. Il bat le pavé depuis le point du jour; il trouve que les rues sont mal tenues, mal alignées; il trouve cela « barbare; » il a cent

choses à dire contre le « gouvernement des prêtres. »
— Non, mon bon Coquelet, pas pour aujourd'hui ; nul moyen d'argumenter en ce moment. Gardez le silence et venez à la messe avec nous ? » Il fuit ; Dieu soit loué !

IV

SAINT-PIERRE.

Nous ne voulons regarder ni l'obélisque, ni la colonnade, ni le péristyle. Nous hâtons le pas. D'une main frémissante nous soulevons la lourde portière. Nous sommes enfin dans le temple. Nous respirons sur le seuil, comme pour empêcher nos cœurs d'éclater et habituer nos yeux à soutenir cette merveille.

Dans la nef immense, il n'y avait que les lampes d'or du grand autel, la statue de saint Pierre, le soleil, et nous. Lentement nous avançons, pénétrés de respect, pénétrés d'amour et aussi de crainte, un peu écrasés de cette grandeur. Pourquoi craindre ? La maison est hospitalière ; ou plutôt, ne sommes-nous pas chez nous ?

Jamais la basilique ne m'a paru si vaste, si riche, si solennelle, si douce. Elle semble s'élargir à mesure qu'on la connaît mieux. La première fois qu'on voit le colosse, il peut rester au-dessous des attentes de l'imagination : pourtant notre sœur m'a dit tout de suite qu'elle n'avait rien rêvé de si beau.

Autre chose est d'entrer ici en curieux, en artiste, en géomètre, ou d'y entrer en chrétien; mais je comprends que les impressions même d'un chrétien restent loin de celles que peuvent recevoir le cœur et les sentiments délicats d'une femme. Les femmes vivent avec Dieu plus que nous, le reflet de sa présence les frappe plus promptement.

Pour moi, j'ai eu le temps d'étudier Saint-Pierre. Je l'ai cent fois parcouru en tous sens, je me suis arrêté devant tous ses autels, devant tous ses tombeaux, devant toutes ses statues et toutes ses peintures d'un indestructible éclat. J'ai fait connaissance avec ce peuple de grandes images et cet incalculable trésor de reliques sacrées.

J'y ai vu le Pape bien des fois, tantôt sans pompe, tantôt dans toute la majesté de sa fonction incomparable; je l'ai vu couronné de la tiare sur la *sedia gestatoria*, au milieu des lumineuses vapeurs de l'encens, bénissant une foule composée de représentants de tous les peuples du monde; et cet immense cortége se mouvait à l'aise dans le vaisseau de marbre et d'or.

L'atmosphère de Saint-Pierre, cet air tiède, égal et parfumé qu'on ne respire nulle part ailleurs, me rappelle invinciblement quelques-unes des circonstances les plus solennelles de ma vie; il ressuscite en moi le parfum de mes meilleurs désirs, de mes plus douces larmes, des engagements qui ont le plus honoré mon cœur.

Tout cela me revient, m'envahit, m'emporte; je suis inondé de lumière, et de joie, et d'espérance, et l'allégresse de l'espérance est déjà l'allégresse du triomphe. Alors cette vaste structure prend à mes yeux toutes ses dimensions, et j'entends son langage. C'est un poëme, le poëme de la religion et de la victoire du Christ.

Toute l'histoire, toute la science, tout l'art, toutes les richesses de la nature, toutes les conceptions et tous les travaux de l'homme sont ici réunis pour attester le Christ, fils de Dieu, pour le bénir et pour le glorifier. Le chœur incomparable de toutes ces voix, c'est Saint-Pierre.

On y peut sentir parfois la défaillance des langues humaines. Certains détails ne sont plus du goût d'aujourd'hui, d'autres ne furent jamais suivant le vrai goût. Mais même quand l'expression avorte, la pensée est divine, et l'ensemble, formant une souveraine harmonie, répond à la sublimité du dessein.

Quelle immense donnée, quelles divisions grandioses, quel ordre partout, et quelle abondance d'inspirations dans cette unité merveilleuse! Depuis les statues des deux grands empereurs, Constantin et Charlemagne, sentinelles triomphantes placées sous le péristyle, jusqu'à l'autel où sont les corps des deux grands apôtres ;

Depuis la *loggia*, d'où la grande bénédiction descend pour embrasser la ville et le monde, jusqu'au chevet de la basilique, où la chaire du pêcheur est gardée et soutenue par les grands docteurs de l'Orient et de l'Occident ; depuis l'obélisque de Néron, relevé sur le parvis, jusqu'à la croix qui rayonne sur la coupole ;

Il n'est pas une pierre dans cette montagne de gloire qui ne soit à sa place, qui ne donne une clarté, qui ne jette une parole forte et sublime. Rome, qui est le résumé de tout, se résume dans Saint-Pierre ; et Saint-Pierre crie dans Rome et dans le monde la victoire de la Croix sur Rome et sur le monde.

Victoire par toutes les forces, par toutes les grandeurs, par toutes les lumières, par tous les dévouements : Levez-vous, apôtres, martyrs, docteurs, patriarches, saints de tous les peuples et de tous les temps, dont les ossements et les images sont ici ; levez-vous, héros qui gardez les portes du sanctuaire ; levez-vous, nations qui l'avez défendu !

Victoire par tous les miracles : Levez-vous, siècles ! Depuis que le sang de l'humble Simon Pierre a rougi ce sol, quels torrents n'y ont pas coulé pour en arracher sa tombe! Torrents de feu, torrents de bourreaux, torrents d'armées, torrents de sicaires, de scribes et de blasphémateurs, chaque siècle a amené ses torrents..., et chaque torrent a apporté quelques-unes des pierres qui forment l'édifice.

Victoire par la foi, plus puissante que les armes; victoire par l'amour, plus fort que le temps. Le temps serait l'arme invincible de la mort; mais la mort et le temps sont vaincus par l'amour, et le chant de la victoire est aussi le chant de l'amour. L'amour a rêvé ces grandeurs, accumulé ces richesses, enlacé ces harmonies, et ce temple est magnifique et durable, parce que le Dieu qui le remplit est le Dieu qui aime et qui est aimé.

Nous baisons le pied de saint Pierre; nos cœurs débordent. A genoux devant la *Confession*, le front sur ce marbre qui a reçu tant de larmes et qui est doux comme la poitrine d'un ami, nous laissons couler le torrent. Tu t'en souviens, frère, et tu sais si c'est là qu'on oublie.

Là est le centre du centre, la PIERRE qui porte tout l'édifice de Dieu. « Ici réside en esprit l'assemblée des fidèles, car quelque point de la terre qu'ils habitent, tous ceux qui sont au Christ notre Maître dans la pureté de leur âme et dans la pureté de la foi, se tournent vers la très-sainte chaire de Rome, semblable au soleil de l'éternelle lumière, d'où rayonne sur eux la splendeur des biens spirituels et des dogmes sacrés. »

Nous entendons la messe dans la chapelle du Saint-Sacrement, et nous reprenons lentement cette première visite que nous ne pouvons nous décider à terminer. Nous saluons ces reliques sans nombre, les unes portant des noms si célèbres, les autres dont Dieu sait les noms.

Vingt-quatre Papes saints reposent autour de saint Pierre; le corps de saint Paul est dans le même tombeau. Le corps de saint Grégoire de Nazianze est sous cet autel; sous cet autre est celui de saint Jean Chrysostome. Voici saint Jude et saint Simon, apôtres, saint Léon Ier dont la présence changea le cœur d'Attila, les saints martyrs Processe et Matthieu, geôliers de saint Pierre, qui leur ouvrit le ciel.

Onze colonnes du temple de Jérusalem enrichissent le temple de la nouvelle Alliance, le temple définitif contre lequel les portes de l'enfer ne prévaudront pas, et qui subsistera encore quand la terre elle-même ne sera plus. Une de ces colonnes est gardée dans la chapelle de la *Pietà*. Elle a touché le Dieu-Homme : il s'appuya contre elle pour enseigner.

Que te dirai-je encore, et que ne te dirais-je pas si je pouvais répéter tout ce que nous avons entendu de ces pierres éloquentes, si je savais seulement bégayer ces divins langages? Il y a des lumières qui vous ouvrent l'infini et qui s'éteignent aussitôt. C'est l'éblouissement des disciples d'Emmaüs : « N'est-il pas vrai que notre cœur était tout brûlant en nous lorsqu'il nous parlait durant le chemin ? »

V

LE CAPITOLE ET LE FORUM.

Du Vatican, nous avons pris notre chemin vers le Capitole, ou plutôt l'*Ara Cœli;* car pour le Capitole, nous y viendrons un autre jour. L'église d'Ara Cœli est la première où je sois entré dans Rome. C'était le soir ; il y avait l'adoration des *quarante heures*. Et ce fut bien l'autel du ciel qui m'apparut, brillant d'or et de feux, plus rayonnant d'une grâce invisible.

Je ne savais pas de prière, et néanmoins tout mon cœur pria. Je priai pour toi, mon frère, encore si jeune, pour nos sœurs encore enfants. Jamais je n'avais de la sorte senti la présence de Dieu et le besoin que nous avons de Dieu. Je comprenais nos misères et nos dangers. Je demandais la foi pour vous ; je la demandais pour moi-même, sans être sûr de la désirer. Voilà que trois d'entre nous ont prié dans cette église, et personne n'est à l'écart.

Tu connais la tradition, la vision d'Auguste, après

laquelle il dressa ici un autel précurseur au vrai Dieu qui allait naître d'une Vierge. Ainsi le trône de celle qui devait écraser la tête du Serpent fut marqué sur le sommet de l'empire de Rome, qui était pour trois siècles encore l'empire du Serpent. L'Étoile du matin s'est levée au ciel de Jupiter, la Rose mystérieuse a fleuri sur le Capitole romain.

L'église de *Santa-Maria in Ara Cœli* est riche de dépouilles antiques et de grands tombeaux. Elle est desservie par les religieux qui gardent le Saint-Sépulcre. Dans Rome, toute voix entretient un dialogue solennel avec quelque point illustre du monde et du temps. Cette église, parcelle de Jérusalem sur le Capitole, possède le corps de sainte Hélène, la servante d'auberge qui devint mère de Constantin, l'impératrice qui retrouva la Croix, l'auguste et humble chrétienne qui, à quatre-vingts ans, reprit ses habits de servante pour servir dans un banquet les épouses et les prêtres de Jésus-Christ.

De l'autel de la Reine des martyrs, nous descendons aux prisons Mamertines. Comme deux reliques précieuses, ces cachots sont enchâssés dans une église. L'église est dédiée à saint Joseph, patron de la bonne mort, patron de la miséricorde. Ici Rome victorieuse égorgeait ses vaincus, pendant que le triomphateur, dans le temple du Capitole, répandait l'orgueil de ses actions de grâces. Un ministre venait lui dire : *Actum est* : c'est fini ; celui qui a osé combattre Rome est mort ! Et alors seulement le triomphateur sortait du temple.

Un jour donc, dans ces mêmes cachots où les plus courageux représentants de la liberté des peuples avaient misérablement péri, Néron, souverain pontife, jeta Pierre et Paul, ces deux hommes de rien, apôtres d'un Dieu de rien, et bientôt les en fit tirer pour être mis à mort. Mais déjà Pierre avait baptisé ses geôliers, et le profond cachot était devenu une source de vie. *Actum est*, Jupiter, père des dieux ; *Actum est*, César, pontife des dieux et maître des hommes ; *Actum est*, dieux et pontifes de la mort : mais, c'est vous qui finissez !

Le vrai Dieu du monde et le vrai Pontife sont maintenant dans Rome ; leur étendard est planté, leur Capitole est commencé. Aujourd'hui même, Néron en a posé la première pierre en son lieu éternel. Et l'édifice s'élèvera jusqu'aux cieux, et toute la gloire et la force du Capitole romain ne prévaudront pas contre cette pierre détachée du Golgotha, qui, roulant jusqu'ici, est venue à travers les remparts de la ville et les murs du Capitole frapper au pied les statues d'or du divin Jupiter et du divin Néron. *Actum est*, c'est fini. Jupiter et César, vous n'êtes plus dieux, vous ne régnez plus dans Rome ; allez-vous-en !

Voilà le Forum romain. Comme ce peuple-roi a bien travaillé pour nous donner une belle idée du néant des fortunes humaines ! Tout au pied du Capitole se dresse encore l'arc de Septime-Sévère, l'empereur qui disait : *Omnia fui, et nihil expedit ;* j'ai été tout, et tout n'est rien. Est-ce l'empereur ou tout le Forum lui-même, toute la république et tout l'empire, qui font cet amer et sage aveu ? Il est venu des hommes qui ont dit : *Amo nesciri et pro nihilo reputari ;* j'ai aimé d'être inconnu et regardé comme le rien même. Et ces hommes sont devenus participants de l'héritage du Christ ; ils se sont élevés à la royauté éternelle et divine.

Nous saluons les églises qui s'élèvent à droite et à gauche, dans le Forum et sur les collines, sur les emplacements historiques de la grandeur romaine, remplaçant, purifiant, sanctifiant tout, toujours avec ce grand sens de l'Église, qui enseigne toujours et toujours divinement. Ici plus qu'en aucun autre quartier de la ville on voit la main de Dieu ; il prépare la mission des Apôtres, il force les maîtres du monde à écrire par avance un catéchisme de pierres à l'usage du genre humain.

Sur le pavé de la voie Sacrée, où ne passèrent plus à la fin d'autres triomphes que ceux des bourreaux menant avec injure les disciples du Christ, nous nous redisons le prophétique chant de vengeance et de triomphe qui avait retenti de Pathmos dès les jours de Néron :

« Venez, et je vous montrerai la condamnation de

la grande prostituée qui est assise sur les grandes eaux, la grande Babylone, mère des fornications et des abominations de la terre.

« Elle est tombée, la grande Babylone, elle est tombée; car ses péchés sont montés jusqu'au ciel, et Dieu s'est ressouvenu de ses iniquités!

« Traitez-la comme elle vous a traités; rendez-lui au double toutes ses œuvres : dans le même calice où elle vous a fait boire, faites-la boire deux fois autant.

« Ciel, fais-en éclater ta joie; et vous aussi, saints Apôtres et Prophètes. Dieu enfin vous a vengés d'elle; il l'a enfin punie des tourments dont elle vous a déchirés.

« Et l'on a trouvé dans cette ville le sang des prophètes et des saints, et de tous ceux qui ont été tués sur la terre.

« Et j'entendis comme la voix d'une troupe nombreuse qui était dans le ciel et qui disait : Alleluia! Salut, gloire, puissance à notre Dieu;

« Parce que ses jugements sont véritables et justes. Et il a condamné la grande prostituée qui a corrompu la terre; il a vengé le sang de ses serviteurs, qu'elle a répandu.

« Ils dirent une seconde fois : Alleluia ! — Et la

fumée de son embrasement s'élève dans les siècles des siècles. »

Nous passons sous l'arc de Titus, mémorial de Jérusalem infidèle et punie, mais conservée dans la tombe, au milieu des poussières de Babylone ruinée pour toujours. Qui voudra voir et toucher le doigt de Dieu, qu'il baise ces pierres, monument de l'accomplissement des prophéties, dressé à quelques pas de l'arc de Constantin, entre la croix du Capitole et la croix du Colisée.

« Jérusalem! Jérusalem! qui tues les prophètes et qui lapides ceux qui te sont envoyés, combien de fois ai-je voulu rassembler tes enfants, comme une poule rassemble ses petits sous ses ailes; et tu ne l'as pas voulu. Et voilà que tes maisons demeureront désertes! » Treize cent mille Juifs périrent à la prise de Jérusalem, cent mille autres furent vendus. O Rome, ô Europe, ô villes et nations à qui le Christ a envoyé des prophètes pour vous rassembler sous ses ailes, qu'il vous en souvienne !

VI

LE COLISÉE.

Avec un saint frémissement nous entrons dans le Colisée. Vespasien avait commencé ce théâtre gigantesque, Titus l'acheva ; il y employa les bras des captifs amenés de Jérusalem, et l'on dit que douze mille d'entre eux y périrent. L'or du monde y coula comme un fleuve ; plus encore que l'or, Titus et ses successeurs, durant de longs siècles, y prodiguèrent le sang humain. Ici, sous Trajan, par l'ordre de Trajan, l'an 118 du Christ, inaugurant la série des martyrs de marque, saint Ignace, évêque d'Antioche, fut livré aux bêtes et au peuple romain.

« Nous ordonnons qu'Ignace, surnommé *Théo-*
« *phore*, qui dit porter en lui-même le crucifié, soit
« lié par les soldats, et conduit dans la grande Rome
« pour servir de pâture aux bêtes et d'amusement
« au peuple. » Tel était l'ordre de Trajan, qu'on appela les délices du genre humain, et qui fut en effet clément et juste pour un empereur de Rome. Ignace, débarqué le jour même à Ostie, fut amené précipitamment, car les jeux allaient finir.

Dix mille hommes avaient paru sur l'arène, l'arène avait bu le sang de dix mille hommes. Les bêtes étaient repues, le peuple avait encore soif. Le saint évêque Ignace Porte-Dieu entre dans le cirque, passant sous le fouet des *venatores*. Il est salué par les huées de cent mille voix, chevaliers, sénateurs, matrones, prêtres, vestales, peuple ; toute la canaille romaine qui venait de dévorer la chair de dix mille hommes, et qui n'était pas repue. Le vieillard se mit à genoux.

Il dit : « Je suis le froment du Seigneur. Que je « sois donc moulu par les dents des bêtes et que je « devienne le pain du Christ. » Et le pain du Christ, sans cesse renouvelé et prodigué sous cette forme, a tué la bête. La bête païenne a bu et mangé sa condamnation. Le sang des martyrs, produisant des moissons toujours plus fécondes, a étouffé les lions et les empereurs.

Les *jeux* romains sont une chose qui passe l'imagination. Un auteur moderne a raison de le dire : il faut que les témoignages soient sans nombre et unanimes, il faut que toutes ces horreurs nous soient racontées par ceux qui les voyaient tous les jours, pour que nous autres chrétiens nous puissions les croire et reconnaître dans le cœur de l'homme l'instinct hideux qui aime le sang pour le sang.

Cependant, ce qui m'étonne davantage, ce n'est pas la monstruosité du fait même. L'homme sous la puissance du démon n'a pas de sentiment plus durable et plus profond que la haine de l'homme. Il aime à broyer son semblable, il aime à l'humilier, à l'avilir, à le torturer longuement. Les sauvages les plus hébétés savent inventer et prolonger les supplices ; et, n'y eût-il pas d'autres signes de l'unité de la race humaine, on la pourrait constater à ce trait.

Que ces Romains donc, qui bâtissaient de si beaux édifices pour y prendre de tels ébats, et qui avaient ainsi perfectionné la volupté de voir mourir des hommes, que ces lettrés qui goûtaient Homère, et qui, dans les entr'actes des jeux, se récitaient Horace et Virgile, que ces guerriers et ces politiques qui commandaient au monde, que cette lèpre de conquérants, de riches, de vestales et d'empereurs aient fait cela, mieux que les Sioux, mais par la même pente de nature, je le conçois. C'est le naturel de l'homme séparé de Dieu.

Je conçois encore que même des hommes supérieurs, un Jules César, un Auguste, un Titus, un Trajan, un Marc-Aurèle, malgré quelque dégoût, peut-être, soient devenus en ce point les complaisants de la bête sanguinaire et l'aient fournie de cette pâtée. L'Empire était à ce prix : la seule sagesse humaine est insuffisante pour marquer aux hommes le prix qu'ils ne peuvent pas mettre à l'empire.

Le mystère formidable, c'est la stupidité de ces troupeaux qu'on amenait pour être égorgés et qui se laissaient égorger, à qui l'on commandait de s'entr'égorger dans un combat sans merci et qui s'entr'égorgeaient sans merci; qui, ne pouvant pas sauver leur vie, ne songeaient pas du moins à la vendre et ne tentaient aucun effort pour se venger.

On les rassemblait dix mille et plus, qui devaient mourir. Un grand nombre étaient munis d'armes, forts, agiles, adroits en tout combat; ils avaient souvent affronté les cohortes romaines sur le champ de bataille, parfois ils les avaient fait plier. Or, il n'est par arrivé une fois que les gladiateurs ni les bestiaires aient essayé de bondir sur les spectateurs, de jeter dans le cirque le prince, le sénat, les vestales et le peuple, de se donner ce jeu à eux-mêmes.

Étrange effet de la peur, effrayante abjection de l'homme! Ces victimes ne pardonnaient pas, ne se résignaient pas, ne se défendaient pas. Bien plus, elles se pliaient au cérémonial des jeux et s'acquittaient de mourir comme d'un service. Ceux qui allaient être dévorés sans combattre, pour mettre les bêtes en appétit, entraient les premiers. Dépouillés de tous vêtements, ils devaient passer entre deux files de *venatores* armés de fouets, qui leur donnaient chacun un coup, faire le tour de l'arène, s'arrêter devant l'empereur et lui adresser la fameuse parole : « César, ceux qui vont mourir te saluent. » Ils accomplissaient tout ce cérémonial.

Les gladiateurs, entrant sur des chars peints de couleurs brillantes, criaient le même salut à César; car ceux qui pouvaient survivre l'ignoraient, et d'autres savaient certainement qu'ils ne survivraient pas. Ils s'attaquaient ensuite. S'ils y allaient mollement, le peuple se fâchait, et alors les marchands de gladiateurs s'élançant d'une extrémité de l'arène, des fouets en mains, l'injure à la bouche, forçaient les malheureux à se faire des blessures plus profondes.

Mais il ne fallait pas que ces blessures trop vite mortelles abrégeassent le plaisir des Romains. Si un gladiateur cherchait à frapper à la tête et à se délivrer ainsi lui-même, en expédiant son adversaire, le peuple se fâchait encore. Il ne fallait pas non plus que le blessé tombât sans grâce. Le gladiateur devait apprendre à tuer et à être tué. Il apprenait ; c'était une profession, c'était une chance de salut.

Le combat s'est passé selon les règles ; il a été prolongé, élégant. — L'un des deux gladiateurs tombe enfin. Il met un genou en terre et demande grâce de la vie. Le vainqueur, promenant les yeux sur l'amphithéâtre, attend la sentence du peuple. Le peuple quelquefois veut conserver un artiste ! Mais les pouces s'abaissent, le peuple veut voir comment l'artiste saura mourir. Que le vaincu joue une dernière scène ! On lui tend l'épée ; son honneur exige qu'il tende la gorge, qu'il prenne l'épée par la pointe, qu'il la pose lui-même à l'endroit qu'elle va percer. Il observe ce programme, il flatte le peuple de ce dernier respect, et il reçoit sa récompense : les applaudissements du peuple romain saluent son dernier soupir.

Et cela dura plus de cinq siècles, empirant toujours ; la lâche férocité que demandait toujours le sang trouvant toujours une férocité plus lâche à l'offrir et à le répandre. Il y avait des cirques dans tout l'empire ; partout coulait le sang ; partout les esclaves fugitifs, les prisonniers de guerre, les chrétiens, hommes et femmes, enfants et vieillards, étaient dévorés par les bêtes ; et durant plus de cinq siècles, en présence de ces monstrueuses infamies, les politiques et les moralistes païens n'élevèrent que de rares réclamations, aussi froides qu'inutiles !

A regarder au fond du monde païen, c'est une grande et infernale barbarie, un mensonge ignoble de civilisation, de morale, d'honneur; mais deux vices y apparaissent plus puissants que tout, passions dominantes poussées jusqu'au délire : la débauche et la peur. Rome est morte de débauche et de peur, surtout de peur. La peur avait été sa force et son art de gouverner, elle devint le plus actif agent de sa ruine. Tout fut cruel dans Rome, parce que tout avait peur. La peur tuait et se tuait. Ayant détruit Rome, la peur aurait détruit le monde. Le christianisme sauva le monde en y apportant la chasteté, l'humanité et le courage.

Oui, je dirais volontiers que le courage, même le courage matériel de regarder en face et de braver la douleur et la mort, est un don que le Christ nous a fait. Coquelet, même converti, m'accusera d'avoir prétendu que les soldats romains furent des poltrons, comme ses parents catholiques nous ont imputé d'avoir voulu brûler Cicéron et Virgile. Coquelet discute à sa manière, et le bon sens n'oserait ouvrir la bouche s'il ne se résignait à faire la part de la tribu Coquelet. Mais je dis qu'il y a une plénitude de courage matériel où la moyenne de l'humanité n'a pu se hausser qu'après avoir reçu le christianisme.

Dans ces cirques, toujours abreuvés de leur sang, les chrétiens seuls ne tremblaient pas. Ils n'étaient point gladiateurs, ils avaient leurs raisons pour ne point abandonner leur vie et ne point essayer de la vendre; mais ils transgressaient le cérémonial, et ne craignaient de déplaire au peuple ni à l'empereur. Au peuple, ils montraient une contenance assurée; passant devant l'empereur, ils changeaient la formule du salut, lui annonçant qu'il aurait affaire à Dieu, et qu'un jour les martyrs jugeraient les bourreaux. *Cæsar, morituri te judicabunt!*

On forçait les gladiateurs à s'entr'égorger en les chargeant de coups; en les huant et en leur offrant une chance de salut, on les forçait à s'entr'égorger avec une savante lenteur; par l'espoir d'un applaudissement, on les forçait à tomber avec grâce et à mourir avec élégance; en couvrant quelque malheureux d'une tunique soufrée que deux hommes se tenaient prêts à allumer, on le forçait à se faire brûler le poing pour imiter Mucius Scævola.

Mais il n'y avait ni coups, ni caresses, ni torture, ni lions, ni tourmenteurs expérimentés qui sussent contraindre les enfants et les femmes d'entre les chrétiens à brûler un grain d'encens devant les idoles. Ainsi se forma l'habitude du courage; ainsi la peur fut en même temps vaincue. Par l'exemple et par les triomphes de ses martyrs, le Christ avait enfin pris possession de l'humanité. L'humanité sans Dieu est une bête féroce et une bête lâche. Si le

Christ quittait l'humanité, on reverrait la peur enfanter les bourreaux, et l'humanité se remettre à manger de la chair et à boire du sang. — Oh ! que ce Colisée, que cette grande tombe, est un grand berceau !

A la croix du Colisée sont appendus tous nos titres de noblesse. Signe de notre salut, monument de notre honneur ! Comme c'était pour affranchir le genre humain que l'on combattait ici, la Providence y appela de partout des héros. Foule glorieuse et sainte, de tout sexe, de tout âge, de toute condition, de tout pays. Quel chrétien ne peut pas se dire qu'il eut là un ancêtre ? Quand je me prosterne sur cette terre, j'y sens frémir mon propre sang.

VII

SAINT-JEAN DE LATRAN.

Du Colisée à Saint-Jean de Latran, du grand théâtre de carnage à la grande église, c'est le chemin du bon Dieu. La rue large et directe qui unit ces deux points porte le nom de Saint-Jean, le disciple de l'amour. Nous y trouvons l'église de Saint-Clément Pape, monument intact de l'antiquité chrétienne. Dans cette église, saint Grégoire le Grand a prêché et l'on voit la chaire où il s'est assis. Là, parmi d'autres insignes reliques des saints et des martyrs, nous vénérons le seul ossement de saint Ignace que les lions aient laissé.

Voici ce haut Latran, le don de Constantin et de l'empire convertis. Constantin, vainqueur du stupide Maxence, envoya chercher le Pape saint Sylvestre, fugitif sur le mont Soracte. Le Pape se crut à l'heure du martyre; l'empereur victorieux l'établit dans sa propre demeure. Il y a encore ici un souvenir de Néron : Néron fut le meurtrier du consul Plantius Lateranus, fondateur de ce palais qui garda son nom et qui le rendit immortel. Sur le même sol s'éleva rapidement une église, vaste et magnifique et digne de l'empire, qui la bâtissait. On la nomma la basilique d'or.

Premier séjour officiel des Papes, dernier séjour officiel des empereurs, c'est ici vraiment le lieu où Pierre, sortant des Catacombes, prit possession de sa royauté, acquise depuis trois siècles, et le lieu où l'empire païen de Rome finit matériellement. Ici César, qui n'était plus César, roula dans ses bagages le palladium désormais sans vertu, et partit pour Byzance. Ici, dans quatre siècles, Charlemagne viendra recevoir à genoux, de la main du successeur de Pierre, une autre couronne impériale qui sera comme le sacrement sans lequel désormais les empires n'auront plus ni force féconde, ni véritable gloire, ni durée.

Lieu auguste dans Rome et dans le monde! Durant onze siècles le palais de Latran fut la demeure des Vicaires de Jésus-Christ; ils y furent assiégés, ils en furent chassés, ils y sont revenus, ils en ont été éloignés encore pour vivre dans la captivité et dans l'exil. Cette demeure leur appartient toujours. A tout ce qu'ils touchent, les Papes communiquent un caractère d'éternité. L'église de Latran a vu trente-trois conciles : « Grandes batailles, grandes « victoires de la vérité contre l'erreur qui ont pro-« pagé l'Évangile et sauvé la civilisation. »

Elle a été dévastée, pillée, renversée, brûlée; l'enfer s'est rué sur elle maintes fois; maintes fois de la basilique d'or il n'est resté que des cendres. Elle existe, elle est debout, plus riche de son nom, de sa dignité, de sa parure de siècles que de tous les trésors dont les empereurs et les peuples l'ont ornée avec un amour éternel. Elle est l'église propre du Pape, mère et maîtresse de toutes les églises. Ses murs eux-mêmes proclament sa dignité, dans ce langage de reine qu'on ne parle nulle part comme ici : *Sacrosancta Lateranensis ecclesia, omnium urbis et orbis ecclesiarum mater et caput*. Et ces mots diraient la même chose quand même ils seraient tracés à la craie sur une cabane de planches et de roseaux.

Nous entrâmes dans la majesté de Saint-Jean de Latran. C'était la même solitude qu'à Saint-Pierre, nos cœurs y éprouvaient le même frémissement. La grandeur des souvenirs élargit encore ces murs grandioses. Arrivés près du principal autel, nous aperçûmes dans un coin plus retiré deux prêtres français qui récitaient fraternellement leur office. Nous voulûmes savoir ce qu'ils disaient. L'un de nous avait un bréviaire, nous l'ouvrîmes. C'était le 16 janvier, fête de saint Marcel, Pape et martyr, le même qui nous attendait hier au Corso, comme pour nous souhaiter la bienvenue. Nous relûmes sa glorieuse légende, et nous répétâmes avec l'Église :

« Pour la loi de son Dieu ce saint combattit jus-
« qu'à la mort ; la voix des impies ne le fit point
« trembler, car il s'était établi sur la solidité de la
« pierre. — Et vous, ô Seigneur notre Dieu, vous
« l'avez couronné de gloire et d'honneur et vous
« l'avez affermi par le travail de vos mains ! »

VIII

LES ROMAINS D'ADOPTION.

Dans cette première journée nous visitâmes encore la *Scala santa*, qui est tout près de Saint-Jean de Latran, et Sainte-Croix-en-Jérusalem, très-auguste basilique bâtie par sainte Hélène pour y déposer les reliques de la passion du Sauveur. Nous gagnâmes ensuite Sainte-Marie-Majeure, par où nous voulions terminer. Mais le moyen de ne pas entrer encore à Sainte-Praxède et à Sainte-Pudentienne ?

Nous étions infatigables et sans pitié pour notre guide. Mais deux choses le soutenaient, son amour pour Rome, sa tendresse pour nous. Notre enthousiasme ranimait le sien, qui d'ailleurs ne baisse guère. Tu ne connais pas notre ami Enrico, que nous avons vu nous-mêmes hier pour la première fois et qui est aussi ton ami. C'est une figure de France qu'on ne trouve qu'à Rome, et une figure romaine qui ne peut être peinte que sur fond étranger et principalement sur fond français.

Il est venu à Rome en curieux, le curieux s'est transformé en pèlerin, le pèlerin a reconnu un jour qu'il était à Rome dans sa vraie patrie, qu'il ne pouvait ni ne voulait plus la quitter. Je ne conteste pas l'amour des Romains de naissance pour leur cité cent fois grande, cent fois sainte et cent fois belle. Mais je n'ai jamais rencontré l'amour de Rome si puissant, si intelligent, si ardent qu'il l'est au cœur de ces Romains d'adoption, véritables Romains par la grâce de Dieu. Ils sont en grand nombre, et ils constituent une de ces mystérieuses forces de Rome que l'on ne voit nulle part, que l'on sent partout.

Ils savent Rome par cœur, l'étudient sans cesse, la chérissent toujours plus. Ils aiment ceux qui l'aiment, et à ce titre Enrico nous avait en amitié dès longtemps. Il a conservé tout son caractère français ; mais l'amour de Rome et le christianisme l'ont dépouillé de la morgue de supériorité que nous inspire volontiers la connaissance approfondie de nos mérites. Il connaît le côté faible des cœurs italiens et romains ; il en connaît l'originalité, la grâce et le sérieux ; il en a pris quelque chose, et tout cela forme un de ces composés humains qui animent l'esprit et reposent le cœur.

Quelle aimable journée ! Le soir, après dîner, nous voulûmes faire encore une course. Nous revîmes le Forum et le Colisée. La nuit était sereine, le silence profond. Nous avions laissé notre voiture pour faire à pied le trajet du Colisée au Capitole. Tout à coup, un vaillant chœur de voix italiennes s'éleva des ruines du temple de la Paix. Nous nous assîmes pour l'entendre, sur le pavé de la voie Sacrée, entre l'arc de Titus et l'église de Sainte-Françoise-Romaine. Tout était doux et beau comme la douce et belle nuit.

Nulle autre ville ne peut être si belle. Ni le ciel, ni les monuments, ni les arts, fussent-ils les mêmes, ne sauraient ailleurs avoir le même accent. Cette terre a une odeur qui lui est propre. On y respire l'histoire telle que Dieu l'a écrite, avec ses leçons et ses conclusions applicables à chacun de nous. Il s'en élève des pensées qui ne sont que là.

Sa beauté n'est pas bourgeoise ; mais n'y a-t-il de

beauté que bourgeoise, et l'esprit bourgeois n'a-t-il pas assez du reste de l'univers? Laissez-nous une ville dont les rues ne soient point tirées au cordeau. Laissez-nous des masures, des places irrégulières et des maisons qui se plantent à leur fantaisie. Dans les grandes rues larges et droites, point de place pour les madones, point de place pour les jardins.

Il n'y a point de façade de cent fenêtres, pas même celles des sacro-saintes casernes, aussi aimables à contempler que le palmier qui ombrage le mur lézardé du couvent des Maronites à *San-Pietro in vincoli*. L'hôtel du Louvre est très-admirable, et le boulevard de Sébastopol aussi; mais dans les environs de Monte-Cavallo, sur les rues tortueuses et désertes pendent les fruits d'or de l'oranger.

Comment pense-t-on que le monde laissera quelqu'un prendre Rome et souffrira qu'elle ne soit plus à tout le monde? Elle ne peut pas même appartenir aux Romains. C'est le bien catholique, la terre de famille qui ne peut tomber dans les lois du partage. Nos pères ont donné leurs sueurs et leurs tributs aux monuments de Rome païenne; nous l'avons rachetée du sang de nos martyrs; de nouvelles offrandes ont élevé ses monuments nouveaux; tout l'univers lui a donné des Papes, des défenseurs, des artistes; elle est à nous.

LIVRE V

LA QUESTION ROMAINE

I

NOÉ ET PIERRE.

J'ai vu Fra Gaudenzio dans sa cellule. Il était assis, les yeux sur son livre, comme s'il n'avait jamais bougé de là; dans une vraie tranquillité, comme s'il devait rester toujours là. J'admirais cette régularité que n'avait pu déranger un voyage au bout du monde. « — Mais, me dit-il, rien de plus naturel. Nous autres religieux, nous sommes arrivés.

« Nos affaires sont conclues, notre vie est fixée,

notre fortune est à son comble. Un voyage, un changement de situation, une maladie, la mort, ne sont plus que des épisodes insignifiants, comme il peut s'en rencontrer dans la vie d'un rentier d'âge mûr, qui a bien placé ses économies, et qui est assuré de n'être jamais veuf, ni ruiné, ni soldat, ni ministre, ni académicien.

« Il fait un voyage à Versailles, ce n'est pas une affaire pour lui; j'en fais un au Brésil, c'est une moindre affaire pour moi. En réalité, je ne sors point de ma compagnie ordinaire, je n'ai que ma besogne accoutumée, qui est de me tenir devant Dieu. Si le rentier entend ses intérêts, il n'a ni plus ni moins à faire, et cela se peut faire partout. »

— Or, dis-je à Fra Gaudenzio, tirant de ma poche un vieux journal, je ne viens point ici, Padre mio, pour contester l'excellence de la vie monastique; j'ai trop vu et trop pratiqué l'autre vie! Je viens vous faire plaisir. Écoutez ce papier que j'ai apporté de France, comme si j'avais prévu que je vous le lirais.

J'étais un jour à Poitiers, dans la noble église de Saint-Hilaire. L'évêque de Tulle parlait. Le successeur de saint Hilaire était là, qui écoutait avec nous; et l'église de Saint-Hilaire me semblait contenir en même temps Ambroise et Augustin.

L'orateur allait à sa manière, large comme un fleuve, impétueux comme un torrent, véhément, doux, profond. Il nous faisait entendre les tonnerres de l'Écriture sainte, nous illuminait de ses clartés, nous caressait de ses fleurs. Le sujet du discours, c'était le Pape : L'évêque par excellence, le chef des pasteurs, la bouche qui suffit au monde, *os orbi sufficiens*.

A ceux qui disent que le Pape n'est qu'un homme, puisque enfin les Papes meurent, il répondait : « Pierre ne meurt point. Vous ne voyez que Simon, l'homme fragile; mais le Christ lui a dit : Tu es pierre; non point seulement : tu seras appelé, tu paraîtras, mais *tu es pierre*. Il le crée, il le fabrique pierre. Simon passe au rang des solides, des indestructibles.

« Sur cette pierre divinement solide, miraculeusement indestructible, le Christ a fondé son Église. Donc, que les portes de l'enfer s'ouvrent sur elle, et que les antres ténébreux vomissent contre elle tourbillons et tempêtes, le rocher reste. Ayant créé cette pierre qui doit porter tout l'édifice, est-ce que le Christ ne lui assignera pas un lieu ?

« Est-ce qu'il lui dira : Va-t'en, pierre mobile, à travers le monde; un jour jetée là, un autre jour ici; va de çà, de là, rocher roulant, comme une pierre maudite, à la merci du pied qui te heurte et du flot qui te pousse ? Non, non, le Christ a choisi un lieu, c'est Rome. Pierre y vient, et place là sa robuste épaule sur laquelle l'Église repose.

« Il y vient, il y restera toujours, pierre vivante, immortelle ; pierre parlante et toujours éloquente ; colonne de marbre, immobile, et pourtant colonne qui respire, qui vit, *columna spirans*. Ferme à soutenir tous les chocs, elle sent les coups qui la frappent et ne s'en venge que par des soupirs.

« Ils sont là, ces Papes ; c'est l'obstination qui enseigne par son immutabilité seule, *obstinatio magistra*. Ils restent, les divins obstinés, *obstinatio divina*. Obstinés comme Dieu même. Quoi de plus obstiné que Dieu ? On veut lasser sa patience, on y emploie ses dons, on lui dit qu'il est de trop chez nous, qu'il s'en aille. L'obstiné divin reste ; il s'obtine à sauver. »

Voilà l'entrée du discours. Mais tout à coup, d'un de ces bonds de l'esprit qui franchissent tous les espaces et tous les temps, l'évêque, le docteur, je voudrais oser dire le poëte, arrive au mystère de l'élection de Rome, et nous montre l'immensité.

« Que s'il faut vous dire pourquoi Pierre s'attache à ce lieu de Rome plutôt qu'à un autre, j'en appellerai à d'antiques traditions. Je sais qu'on a nié cela : ils ont nié Homère. Pour moi, j'y crois, et j'aime à voir Noé, sauveur du genre humain, sa tige unique après le déluge, Noé, que l'antiquité chrétienne salue le meilleur affirmateur de l'image divine, affirmateur du Verbe, *o Noë, divinæ imaginis melior assertor ;*

« J'aime à voir Noé, père du monde renaissant, prenant possession de Rome pour Celui qui devait venir. Je le vois partageant comme un hiérarque, d'après les plans divins, la terre à ses trois fils; puis, le monde distribué, il visite le domaine, touche aux lots de Sem, de Cham et de Japhet, et s'en vient déposer ses os là où devait être Rome.

« Ainsi Pierre, le batelier de Galilée, viendra en ce même lieu où vint ce grand et noble batelier qui fut Noé; et là où fut attachée son antique barque, Pierre fixera sa nef illustre, pour sauver le monde d'un autre déluge et lui assurer un meilleur salut.

« Noé planta la vigne dont le suc réjouit le cœur de l'homme; Pierre planta la croix, ce cep divin d'où pend le *botrus* sacré, la grappe féconde en flots pourprés, le raisin d'où jaillit le vin qui fait germer les vierges. Il a semé aussi le froment des élus, et il dispense le pain vivant qui nourrit le monde.

« Et si Noé a été un excellent affirmateur du Verbe, image de Dieu qui l'a conservé juste au milieu des pécheurs et lui a confié des secrets inconnus des géants et puissants du siècle, Pierre a bien mieux encore affirmé la divine image, le secret caché à la chair et au sang, je veux dire, la divinité du Christ: *ô divinæ imaginis melior assertor!*

« Cette affirmation commença le jour même de la Pentecôte. Pierre se lève devant la foule, afin qu'on le voie; il hausse la voix afin qu'on l'entende au loin, il ouvre la bouche au milieu des onze, afin qu'après lui d'autres continuent : *Stans Petrus cum undecim, levavit vocem suam.* Pierre élevant la voix affirme l'image divine, le Seigneur Jésus-Christ.

« Il l'affirme à Jérusalem, à Antioche; il l'affirme à Athènes, la ville aux nombreuses langues, *linguata civitas*, aux tavernes bruyantes de toutes les sciences, *ubi caupones scientiæ*. A Rome, enfin, il l'affirme au monde et aux siècles futurs. *O divinæ imaginis melior assertor !*

« Les juifs savaient ces choses; Daniel les voyait en décrivant la suite des grands empires ; leurs livres en parlent, et quand il est question, dans les Psaumes, de la cité des Iduméens, la ville aux grandes tempêtes, les doctes savaient où elle était. Ils ont cru avoir découvert dans l'Orient l'antique lieu du paradis terrestre, mais ils n'y trouvèrent plus le chérubin.

« Et il leur fut dit : Ce chérubin est à Rome; allez, vous l'y verrez, resplendissant de science, étincelant de la pourpre des martyrs, labouré de plaies et de cicatrices. Il porte le glaive et il porte les clefs; seul il ouvre et seul il ferme les portes du vrai paradis terrestre.

« Quand César devint chrétien, il comprit que le même lieu ne pouvait contenir l'homme de la force et le glorieux empereur de l'esprit. Lui, un auguste, au lendemain d'une victoire, il emporte ses légions, son sénat, ses rostres, ses lois, et loin de l'Italie il fonde une autre capitale de son empire.

« Rome est la ville de Pierre et ne peut se passer de Pierre. Je ne sais qui veut y venir à présent. S'ils y viennent, que diront-ils? A qui parleront-ils, et qui les écoutera? Il faut à Rome une bouche qu'entende le monde, *os orbi sufficiens* : Pierre seul est cette bouche, et là seulement elle peut parler noblement, librement.

« Tertullien, parcourant les souvenirs que le paganisme a laissés dans Rome, parle des noms scellés dans la tombe, qu'on ne peut arracher à l'oubli : cadavres de noms, dit-il, *cadavera nominum*. Il en cite d'autres qui ramènent à la mémoire de telles infamies ou des puérilités si vides qu'on ne les peut entendre sans dégoût, *nausea nominum*.

« Rome doit à Pierre d'être la ville qui ne vieillit point. Elle participe à ce privilége de l'invieillissable Église, *Ecclesia insenescibilis*, selon l'expression des Pères. Otez Pierre, il n'y a plus dans Rome que des noms de cadavres et des cadavres de noms, des noms fétides, nauséabonds. Consentirons-nous jamais que Rome soit un cadavre de nom, un nom perdu, oublié, un écho immonde?

« Non, Rome ne sera jamais un nom vulgaire; la nommer, c'est nommer une chose très-grande, très-noble et toute divine. Ce nom de Rome, pour nous tous, est une mélodie, un texte de cantiques, un son plein de merveilleux échos. Qu'en feront-ils? qu'y feraient-ils? Rome restera Rome parce que Pierre y demeure. Tout succès contre Rome n'a qu'un jour.

« Certain petit roi goth, du nom d'Ataulph, s'empara de Rome et déclara qu'elle serait la capitale de la Gothie. Qu'est devenu ce royaume? Qui se souvient d'Ataulph et qui connaît les États, la dynastie des Ataulph? Nul n'a entrepris de telles choses sans en être promptement puni. Dieu est toujours le vengeur opportun de son Église, *opportunus vindex*.

« On l'a vu pour le temple de Jérusalem, qui devait moins durer que celui de Rome. Héliodore entre dans le temple, mais voici que la vengeance de Dieu se manifeste par une grande évidence : *Magnam fecit suæ ostensionis evidentiam*. Vous ne voulez pas connaître Dieu par la foi, ses ombres vous importunent; vous voulez un plus grand jour.

« Ah! ah! il vous faut l'évidence! Eh bien, vous l'aurez, vous la verrez, vous la sentirez comme Héliodore. Un cavalier brandissant des armes d'or se précipita sur lui et le renversa sous les sabots impétueux de son cheval; deux autres, armés de verges, le frappaient sans relâche à droite et à gauche, *magnam fecit suæ ostensionis evidentiam*.

« Et le soldat flagellé et honteux revint dire à son maître : « Si vous avez un ennemi, envoyez-le à ce temple ; le grand Dieu qui habite au ciel en est le visiteur et le gardien. C'est lui, c'est son bras qui frappe et perd tous ceux qui viennent là pour faire mal : *Et venientes ad malefaciendum percutit ac perdit.*

« Cependant nous gémissons avec le grand prêtre et nous devons gémir. Il n'est pas un seul de nous qui ne doive dire : Je souffre à ma noble tête, je souffre à ma noble tête : *Caput meum doleo.* On nous a tous meurtris, car nous sommes les membres de Pierre, et l'on ne peut toucher à Pierre sans que la douleur ne parcoure tout le corps de l'Église, des pieds à son chef mystique.

« Et en même temps que nous, il n'y a pas de créature qui ne souffre et ne pousse un gémissement ; car toute la création se rapporte à nous, nous au Christ, et le Christ à Dieu. Or, de même que le Christ est le chef et le centre de tout, il y a un lien entre son vicaire et le monde, entre Pierre et tous les êtres.

« Denys l'Aréopagite et son compagnon Apollophane étaient en Égypte au moment de la mort du Christ. Tout à coup le soleil se voila. Ils consultèrent les calculs de Philippe Aridée et n'y trouvèrent pas l'explication de ce phénomène. Par un secret instinct, Denys s'écria : Ou Dieu souffre, ou il compatit à la souffrance !

« C'est tout simple ; Jésus est un soleil qui éclaire

l'univers et décrit à travers les espaces des signes radieux. Jésus est le centre et le résumé du monde. Quand il était cloué sur la croix, le monde y était aussi cloué. On ne pouvait briser la tête de l'univers sans que l'univers fût ému. Cette émotion devait se traduire par des gémissements, des secousses et des obscurcissements.

« Pierre, quoique non au même titre que le Christ, est centre aussi. En lui le Christ a mis toute lumière, toute vie, toute grâce, tout amour. Que si l'on crucifie Pierre, il se fera de grands ébranlements, il y aura des nuits hâtées, des ombres, des terreurs. C'est la loi des choses de s'émouvoir quand on viole le repos de leur centre, et cela suffit pour que Dieu soit le vengeur opportun de son Église, *opportunus vindex*.

« Adressons à Dieu la prière d'Esther : Seigneur, *ne tradas sceptrum tuum his qui non sunt*, ne livrez pas Rome, le sceptre de votre puissance, à ceux qui ne sont pas ; que ces êtres de néant n'aient pas la joie de nous immoler sur leurs autels de dérision, et de substituer à vos temples leurs maisons vides ou pleines de larves ; ne vous livrez pas à ceux qui, se donnant l'apparence de quelque chose, *quasi quis*, ne sont rien dans leur fond. »

— Je pense bien, dit Fra Gaudenzio, que ces

paroles n'ont pas eu l'honneur d'éveiller une contradiction.

— Pas une, mon père. J'imagine que certains modérateurs du bon parti, s'ils les ont lues, les ont trouvées étranges, exagérées, inopportunes peut-être, en tout cas, peu *pratiques*. On s'en est tu. De l'autre côté, quelle importance peuvent attacher à de telles pensées les aigles vespertins qui font l'opinion?

— C'est une chose merveilleuse, reprit Fra Gaudenzio, que le peu de retentissement immédiat de toute parole vraiment maîtresse. Le monde semble incapable de connaître et même d'apercevoir les idées auxquelles cependant il obéit. Il faut que cela soit noyé vingt fois et mille fois dans la mare des commentaires.

Lorsqu'on arrive à la millième dilution, lorsque l'essence première est devenue insaisissable et que l'analyse la plus subtile ne saurait la retrouver, alors elle est acceptée et elle agit partout. Ne vous plaignez pas de ces vulgarisateurs qui administrent au public tant de bonnes platitudes!

En lui donnant la vérité telle qu'ils la comprennent eux-mêmes, ils la lui donnent telle qu'il la peut prendre. La parcelle divine qu'ils ont voulu exclure de leur grossier mélange y réside pourtant, et elle sauve tout. Telle est l'énergie que Dieu donne à la vérité, et telle est sa commisération de notre faiblesse.

— Mais, poursuivit le Père, reprenons l'idée si bien exprimée par votre admirable évêque, touchant Noé et son apparition sur le sol de Rome à l'aurore du monde renaissant. Cette idée n'est pas nouvelle pour moi.

C'est une vieille tradition de l'Italie que Janus est venu à Rome, où il a donné son nom au Janicule, de même qu'on lui attribue la fondation de Gênes, *Janua*. La tradition ajoute qu'il est arrivé après une grande inondation.

De bonne heure les chrétiens ont cru que ce Janus fabuleux n'est autre que Noé. Quel pourrait-il être? Comment et pourquoi aurait-on inventé ce voyageur divin qui apparaît après le déluge des grandes eaux?

Que signifie ce double visage dont il regarde en même temps l'avenir et le passé? Tous les traits de Janus s'appliquent à Noé, ne s'appliquent qu'à lui.

C'est lui, c'est Noé, le roi de la terre après le déluge, le prêtre, le connaisseur de Dieu, le meilleur affirmateur de la Divinité.

C'est Noé qui voyait à la fois deux mondes, le passé jusqu'à Adam, l'avenir jusqu'à Jésus-Christ, dont il était la figure prophétique et qu'il attendait.

Sur le mont Janicule, au lieu où, depuis le treizième siècle, quelques-uns ont cru, sans fondement, que le corps de saint Pierre avait été déposé,

Bramante a construit un petit temple justement célèbre. En mémoire de la tradition expliquée par le christianisme, il y a sculpté une figure de Noé.

Et Pierre est à la fois Janus et Noé. Il arrive à Rome lorsque le déluge de la puissance impériale, puissance de Satan, avait submergé le monde.

Pierre, le fils de la colombe, porte le rameau cueilli sur le calvaire, qui annonce que cette inondation de l'enfer va se retirer, et que déjà l'eau décroît.

Il est le batelier de l'arche nouvelle, de l'arche où seront sauvés non plus quelques hommes, mais tous les hommes; l'arche ouverte à tous et qui court après les naufragés.

Il s'élève sur la limite de deux mondes, l'un naissant, l'autre qui va périr. Il a le regard tourné vers la loi accomplie et la bouche qui l'explique.

Il a le regard tourné vers le ciel nouveau, et les lèvres qui annoncent et qui expliqueront la loi nouvelle.

Combien de choses que l'homme n'imagine, ne

comprend, ne sait, ne croit, ne fait que parce qu'il a été créé à l'image de Dieu !

En l'homme, malgré le péché, demeure et s'obstine je ne sais quel reste confus de cette pleine science que Dieu lui avait donnée. Il se souvient des choses qu'il n'a point apprises.

Il y a une réminiscence de l'Éden jusque dans l'âme qui n'a jamais entendu parler de l'Éden ; et nos aspirations sont des souvenirs.

De là cet instinct de certaines convenances sublimes et divines, qui nous met sur la voie des choses cachées.

Nous ne voulons rien de brisé ; nous ne comprenons rien de soudain, ne pouvant faire rien d'isolé. A travers nos contradictions nous prétendons à l'unité de vie,

Parce que nous sommes créés à l'image de Dieu qui fait tout avec suite, avec ordre et mesure, et dont aucune action ne s'égare.

Toute l'histoire de l'humanité a été complète dans l'esprit de Dieu dès avant la création de l'homme ; à plus forte raison toute l'histoire de la religion.

Dieu a ses convenances en tout. Sans nous assurer de les connaître lorsqu'il ne les a pas révélées, respectons ces grandes traditions qui nous les font pressentir.

Par qui auraient-elles été forgées? par qui accréditées? Qui les maintient contre tant de contradictions et les relève toujours parmi tant de ruines?

Est-ce une simple imagination, cette tradition qui veut qu'Adam soit venu mourir à Jérusalem et que ses os aient été ensevelis là où serait plantée la Croix?

Pourquoi le calvaire s'appelait-il le calvaire? et pourquoi ce lieu devint-il le théâtre de l'acte suprême de la réparation? L'étrange serait qu'il n'y eût rien.

Et je ne peux imaginer que le sol de Rome, antérieurement à Pierre, qui est encore Jésus-Christ, antérieurement à Romulus, si semblable à Caïn,

Non, je ne peux imaginer que ce sol n'ait pas été l'objet d'une prise de possession particulière, d'un acte prophétique qui préparait l'attente du genre humain.

Rome elle-même sentit qu'il y avait là quelque chose. Un jour, dans la ville naissante, un crâne humain apparut, et l'esprit prophétique s'empara des hommes qui avaient trouvé ce débris vulgaire.

Et le lieu où il s'était rencontré devint le Capitole; et le Capitole fut le calvaire du genre humain, jusqu'au jour où le bois libérateur de la Croix, planté sur l'autre calvaire, étendit ses rameaux et couvrit le monde.

II

APRÈS UNE LECTURE.

J'achève de lire divers écrits sur ce que l'on appelle la question romaine ; question de savoir si l'Église est de Jésus-Christ, et au fond, si Jésus-Christ est Dieu, et au fond encore, s'il y a un Dieu ; car les principes moteurs de cette guerre au temporel du Pape sont le protestantisme et le scepticisme, et derrière, l'athéisme.

J'ai lu du pour et du contre, et je suis vraiment humilié. L'abaissement des esprits fait descendre cette dispute sur un terrain qui rabaisse le bien comme le mal. Il me semble que le genre humain est présentement très-engagé dans la voie d'une lâcheté et d'un abêtissement immenses. J'ai peur des incendies et des tonnerres qui seront allumés pour dissiper cette nuit.

En général, la question romaine se traite comme une affaire de police. On dirait que le point est uniquement de décider si la Papauté peut ou non se rendre capable d'administrer deux ou trois millions de sujets temporels. Peut-elle entretenir des routes, balayer des villes, faire produire au sol toutes ses richesses ? Ce gouvernement peut-il s'élever aux vertus et aux talents qui distinguent le Russe, le Hanovrien et les autres ?

Cent journalistes, brochuriers, bêtes d'encre qui n'ont ni droiture, ni voyages, ni lecture, ni langue, proclament que leur France, où ils ne pourraient pas devenir sous-préfets, ne saurait plus longtemps laisser une portion de l'humanité sous la main stupide et cruelle des cardinaux.

Ils attestent que le sol pontifical n'est pas cultivé, que la population n'est pas administrée, qu'il n'y a ni lois, ni justice, ni écoles. Ici, au milieu des splendeurs de l'esprit, de la charité et de la liberté, splendeurs anciennes, splendeurs d'hier et d'aujourd'hui, entendre ces carabins et mesurer l'effrayant crédit qu'ils obtiennent, c'est une douleur malaisée à dépeindre !

J'admire le zèle, la patience, la science des défenseurs du régime temporel; mais il y en a aussi, et trop, qui sont durs à digérer. Il y en a qui plaident exclusivement l'utilité, d'autres descendent à la circonstance atténuante, d'autres ramassent des arguties triviales, allèguent des autorités fatigantes.

J'ai entendu citer en faveur du Pape certaines apostilles de M. *Un Tel*, voltairien; certaines paroles que M. *Un Tel*, sceptique, aurait daigné laisser tomber sur le perron de l'Institut. J'ai lu des apologies où l'on fait espérer que le Pape se corrigera et s'amendera. Qu'il obtienne seulement un répit, et alors il fera entrer son gouvernement dans la rainure de 89 !

Je me sentais rougir en lisant ces misères, écrites à bonne intention, sans doute, mais quelquefois, néanmoins, par des mains qui ne devraient pas les écrire; il y a des situations qui interdisent de parler de Rome comme le premier venu, et de regarder cette ville et ce trône sans y voir premièrement Jésus-Christ.

Si c'est ainsi qu'il faut parler aux politiques, aux savants, au monde, pauvres politiques, pauvres savants, pauvre monde ! Quoi ! la Papauté devra conserver ou perdre son indépendance, selon qu'il sera prouvé que ses agents voyers, percepteurs et autres gens de bureaux font ou ne font pas leur métier à la française ! La politique, la science, le monde admet cela !

Grâce à Dieu, nous autres catholiques, nous ne sommes pas insultés par de pareilles apologies. Nos évêques nous donnent un noble enseignement. Ils nous font voir dans le pouvoir temporel de la Papauté le droit, le miracle et le bienfait du Christ, droit qui ne périra pas, miracle qui sera renouvelé, bienfait qui sera maintenu.

Ils développent les conseils de la Providence dans

le long établissement de ce grand ouvrage, et comme tout l'univers y a été employé, parce qu'il est l'arc-boutant de toute société, la source de toute civilisation, le flambeau qui perce toutes les ténèbres et qu'il importe d'abriter contre toute tempête et toute trahison.

Ils ne dédaignent pas de réfuter en passant d'injurieux et sots mensonges. Quoi! le bien le plus précieux des peuples et le plus difficile à leur procurer, c'est la paix : et le gouvernement qui donne à son peuple la paix, et qui est le gouvernement même de la paix, ne saurait pas procurer les autres biens! Et l'on ne sait plus que Rome, ce pays de la paix, est aussi le pays de la science et des arts!

Et l'on ne sait plus que ce gouvernement de la paix, de la science et des arts, est plus encore le gouvernement de la justice et de la miséricorde! On nie la miséricorde à des hommes qui refuseraient la charge de gouverner s'ils pouvaient autrement défendre l'indépendance de l'Église, et dont la principale fonction en ce monde est d'offrir la Victime qui ôte les péchés du monde!

En même temps qu'on leur nie la miséricorde, on leur reproche la faiblesse. Eh! sans doute, ils sont faibles; ils veulent l'être. Quel besoin ont-ils d'être forts comme on l'est chez vous? Ils demandent à n'avoir point d'armée, point de flotte, et aussi peu que possible de police. Ils voudraient, sans tous ces ressorts et sans tous ces fouets, conduire un peuple de laboureurs et d'artisans.

Ils demandent à ne point verser le sang, ni dans les guerres étrangères ni dans les guerres civiles; à se trouver désarmés même en face de la sédition, aimant mieux pacifier lentement par la raison que réduire immédiatement par le fer. Ils demandent à n'avoir que peu d'industrie, pour n'en venir pas aux corruptions et aux immolations qu'exige la production à bon marché.

Pourquoi vous envieraient-ils la gloire des manufactures, des mines, de ce que vous appelez les armées industrielles? Pour maintenir la discipline dans l'armée industrielle, il faut la discipline de l'armée permanente. Entre ces deux disciplines, la liberté râle, et elle mourra.

A l'entrée du paradis désormais fermé, la colère de Dieu mit un ange armé du glaive, pour dire à l'homme coupable : Tu n'y rentreras pas! Quand vous avez quelque part creusé une mine ou bâti une manufacture, un peuple s'y engouffre, et vous mettez à l'entrée un corps de garde pour dire à ce peuple : Tu n'en sortiras pas!

Le Pape ne veut point que son peuple perde la douce vue du jour. Il lui réserve le travail des champs, le travail des arts, le libre et pur atelier de la famille, où l'air pénètre, où les enfants chantent et jouent, où l'épouse et la jeune fille gardent leur pudeur, et que la liberté vient fermer tous les dimanches, de la part du bon Dieu.

Pourquoi le gouvernement du Pape condamnerait-il ses sujets au travail forcé de la mine et de la manufacture; pourquoi les obligerait-il à déterrer le charbon et à respirer le coton pulvérisé, puisqu'il y a des Anglais et des Français, des protestants et des libres penseurs qui font cela pour boire de l'eau-de-vie?

Et quand même les sujets du Pape auraient un grand désir de faire ces belles choses (on en rencontre véritablement qui voudraient les faire faire aux autres, mais qui les voulussent faire eux-mêmes, il n'y en a point), quand même ils brûleraient de s'engager dans l'armée et dans la police ;

Quand même ils auraient trop de ce gouvernement paternel pour les corps, respectueux pour les âmes; quand même ils en voudraient un autre qui pût les sabrer, qui leur donnât des commissaires de police au lieu de leur donner des prêtres, et qui leur ouvrît la mine, la manufacture, la caserne et le cabaret, au lieu de leur ouvrir l'Église :

Qu'importe au bon sens et au bon droit de l'Europe, ce vœu d'une folie qui ne peut avoir satisfaction qu'aux dépens de la paix et de la liberté du monde? L'Europe ne doit s'en occuper que pour y mettre ordre par la force, dès que la folie entreprendra d'employer la force pour atteindre son but.

Si quelque petit peuple, unique possesseur d'une plante nécessaire au genre humain, voulait arracher cette plante, sous prétexte que le sol lui appartient et qu'il préfère y cultiver autre chose, c'est ce peuple lui-même qu'il faudrait arracher du sol. Et on le ferait plutôt que de le laisser commettre son parricide; et on ferait bien.

Le Pape, gardien de la vérité de Jésus-Christ, est plus nécessaire au genre humain qu'aucun fruit de la terre et qu'aucune autre bénédiction du ciel. C'est lui qui est la grande bénédiction du ciel, puisqu'il est la lumière qui mène à Dieu. Il est la lumière et la liberté. Otez Pierre du monde, et la nuit se fait, et dans cette nuit se forme, grandit et s'installe Néron.

Dans tout ce que je viens de lire, ce qui m'oppresse davantage, c'est une de ces pancartes que l'on appelle un « document diplomatique; » une circulaire ministérielle dirigée contre une lettre encyclique du Saint-Père à tous les évêques de la catholicité; cette même encyclique que j'ai publiée le premier en France, et à mes dépens, Dieu merci!

Le Ministre veut faire peser sur le Saint-Père la responsabilité des événements arrivés dans une partie des États de l'Église pendant et depuis la dernière guerre. Le gouvernement de Pie IX est accusé de faiblesse, d'imprévoyance, d'obstination, d'*ingra-*

titude! On l'accuse aussi d'ignorance touchant les vœux des populations soustraites à son autorité.

On le presse de se rendre à ce que réclament de lui la raison et la religion elle-même, pour éviter, s'il en est temps, de plus grands malheurs et mériter certaines protections qui pourront le sauver. Que de fois nous avons lu tout cela dans les rescrits de Byzance, dans les manifestes des empereurs d'Allemagne, dans les notes des gouvernements de tous les siècles!

Les conditions d'aujourd'hui sont celles qui furent toujours proposées et que le Pape a toujours refusées. Il devrait céder ce qui n'est pas à lui, ce qu'il ne tient que sous le serment de le transmettre; il devrait, en abandonnant ce qu'on lui a pris, compromettre ce qu'on lui laisse, et du même coup porter un préjudice irréparable aux droits des autres souverains.

Le Ministre n'attache nulle importance à ce point capital. Selon lui, c'est mystique, c'est-à-dire niais. « Si, dit-il, le Saint-Siége se décidait enfin à quitter les *régions mystiques*, où la question n'est pas réellement placée, pour descendre sur le terrain des intérêts temporels, seuls engagés dans le débat; si, à l'*intelligence* de la situation il joignait de la *modération* dans les procédés, peut-être apporterait-il, quoiqu'il soit bien tard, un changement favorable à sa cause. » Grand Dieu, c'est notre France qui parle ce français !

En luttant pour l'intégrité du domaine temporel, le Saint-Père défend la propriété du monde catholique, propriété instituée par le peuple chrétien pour la garantie d'une indépendance nécessaire à la religion du peuple chrétien. C'est dans ces hauteurs uniquement que la question est une question d'intérêt matériel, et la première de toutes. Tel que le Ministre le considère, l'intérêt matériel ne mériterait pas d'être discuté.

On trouve bon d'imputer aux fautes du gouvernement pontifical la sédition, la trahison et l'invasion des Romagnes. Pourquoi violenter ainsi la conscience publique? Quel profit en attend-on? Malgré les sophismes qui l'abusent et les liens qui la compriment, la conscience publique proteste pour le gouvernement pontifical; elle inquiète jusque dans leur triomphe ses ennemis tout-puissants.

Pour vieillir les torts prétendus et l'obstination de la Cour romaine, on allègue que divers gouvernements, dès 1831, la pressaient de donner des réformes. Si c'est un argument, on pouvait le revêtir d'une plus haute antiquité! Plusieurs de ces gouvernements, en proie aux partis qui leur demandaient de se réformer eux-mêmes, ont péri sans se réformer, ou se sont efforcés d'accomplir des réformes qui n'ont pas été jugées suffisantes et qui ne les ont pas affermis.

Le mot vague de « réformes » constitue la principale force de la révolution en Italie et dans les États de l'Église. Pie IX voulut croire à la sincérité des conspirateurs qui feignaient de ne vouloir que des réformes, et le monde se souvient de leur trahison. Le gouvernement pontifical ne cesse d'offrir les réformes qui sont compatibles avec son existence, l'on ne cesse pas d'exiger celles qui pourraient le détruire.

De ces exigences encourageantes pour la révolution est née la nécessité de l'occupation étrangère. Lorsque la Révolution avait les gouvernements pour complices, il était naturel qu'elle redoublât d'efforts dans les États de l'Église, où elle reconnaît parfaitement la source même des principes qu'elle veut anéantir. Elle y travailla sans relâche depuis 1831, presque ouvertement appuyée des puissances. 1859 a vu le succès de ce travail persévérant.

L'Autriche s'étant retirée des Romagnes, ces provinces, dit le Ministre, se sont rendues ou plutôt se sont trouvées indépendantes. Il ajoute qu'en ceci les événements ont « trompé les vœux » de l'empereur des Français. On fait un tel aveu, et en même temps l'on reproche au gouvernement pontifical de n'avoir pas prévenu la Révolution ou de ne l'avoir pas vaincue!

Plus forte que le vœu de l'empereur des Français, la Révolution s'est naturellement trouvée plus forte que le droit du Pontife romain. Mais il ne lui suffira pas de violer le droit du Pontife pour faire plier sa conscience. Ce dernier adversaire lui reste à vaincre et n'est pas même ébranlé. Il proteste contre le mal accompli, en attendant que Dieu accomplisse sa justice.

Le Ministre regarde la sédition des Romagnes comme un mouvement spontané des populations, qu'aucune intrigue n'a provoqué du dedans ni du dehors. C'est une illusion que personne en Italie ne partage, d'aucun côté. A Bologne comme à Rome, l'on croit que si les Piémontais se retiraient, l'obstacle au rétablissement de l'autorité légitime n'existerait plus.

Par le fait, les révoltés romagnols sont sous la protection de l'étranger. Le génie de ce temps est à fausser même le faux. On érige un prétendu principe de non-intervention, et à peine érigé on le viole. Il est vrai qu'on l'a érigé uniquement contre le droit et qu'on le viole exclusivement au profit de l'injustice. La pauvre conscience humaine n'aura pas un moment l'illusion d'être respectée. — Oui, je suis le mensonge, et je serai plus fort que toi, et je t'insulterai à plaisir !

Cette théorie de la non-intervention est d'ailleurs contraire à l'intérêt général des peuples. Les droits du souverain semblent seuls menacés ; mais dans la famille chrétienne, le droit du souverain représente les lois, les traditions, les mœurs, la propriété, l'ordre légitime en un mot. Les souverains ont des alliés pour défendre ces biens contre les ennemis du dedans et du dehors, et leurs alliés sont aussi ceux de la nation. Le principe de non-intervention réduirait donc les peuples à n'avoir point d'alliés ou à n'en avoir que contre eux-mêmes.

Ce système est plus particulièrement inadmissible à Rome. Le Pape n'a pas, ne peut, ni ne veut avoir un État militaire qui plie les populations à l'obéissance craintive et mécanique. Il gouverne par la raison, par la douceur, par la coutume plus encore que par la loi. Il n'y a pas chez lui de majorité ni de minorité, ni d'ambitions qui puissent prendre les armes ; il n'a pas besoin d'armer les uns contre les autres ses sujets, qui sont avant tout ses enfants.

D'un autre côté, étant le père commun des fidèles, les alliés qu'il appelle ne sont jamais, à proprement dire, des étrangers. Ils n'entrent pas en conquérants, ni pour séjourner, ni pour lever des contributions, ni pour ôter au peuple son nom, ses foyers, ses autels, ses coutumes. Ils viennent au contraire maintenir l'ordre, maintenir la loi, maintenir la justice. Et faisant tout cela, ils assurent, comme enfants de l'Église, une part de leur propre et légitime héritage.

Car l'ordre dans l'État pontifical, c'est-à-dire l'indépendance du chef de l'Église catholique, est le bien commun des nations baptisées; et lorsque le Saint-Père sollicite un peuple chrétien à le défendre, il demande en définitive à ce peuple de défendre ce qui est à lui. Le domaine de saint Pierre est la borne de tous les héritages. Qu'elle soit arrachée, ni un roi n'est sûr de garder sa couronne, ni un propriétaire ne peut se flatter de conserver son champ, et les morts eux-mêmes n'auront plus la propriété de leurs tombeaux.

Le Saint-Père voit parfaitement que son refus d'accepter le fait accompli ne peut rien aujourd'hui contre la violence, mais il sait parfaitement aussi que la violence ne consacre rien. L'adhésion qu'on lui demande consacrerait tout et constituerait un argument éternel. Alors, véritablement, le fait serait accompli.

Telles sont les considérations que le gouvernement pontifical va puiser dans les « régions mystiques. » De pareils mots font mal sous une plume officielle! Les dépêches de Pombal et de Choiseul étaient remplies de ces mots-là.

Mais enfin, il est vrai que le Saint-Père, qui est avant tout le Vicaire de Jésus-Christ, et qui ne veut être souverain temporel qu'à ce titre, prend les règles de sa conduite politique à la source divine de ses droits et de ses devoirs. On ne lui persuadera pas de les chercher ailleurs.

Voilà, je crois, le fond de la question romaine et la gravité des reproches dont on prétend accabler le gouvernement pontifical. Il en reste un, plus inattendu que les autres, c'est le reproche d'ingratitude. Depuis dix ans le monde entend Pie IX parler de sa gratitude pour la France.

———

De tout temps les politiques, ces parfaits modèles des fidélités et des tendresses du cœur, ont accusé l'Église d'ingratitude. C'était une des thèses de Frédéric II. Mais il est difficile d'imaginer par quels raisonnements ils en viennent là.

Quelle idée se font-ils de l'Église? Ou elle est pour eux ce qu'elle est pour tous les fidèles, l'œuvre de Dieu, la mère des nations : et ils sont des enfants qui accusent d'ingratitude leur mère, parce qu'elle ne veut pas se plier à leurs désirs injustes, insensés, trop souvent même parricides.

Ou ils considèrent l'Église comme une institution purement humaine, plus faible qu'eux, indépendante néanmoins, et avec laquelle ils sont forcés de traiter : et alors ce sont des relations et des comptes d'affaires qui se doivent régler en dehors des questions de sentiment.

La protection qu'ils se targuent de donner, ils la vendent; ce qu'ils appellent un bienfait est une opération. Ils ont droit au prix stipulé, rien de plus. S'ils prétendent le fixer eux-mêmes ou s'ils l'exagèrent, on peut le débattre. Qu'ils parlent de mauvaise foi, mais non pas d'ingratitude!

Dans ces hautes régions, « les régions mystiques, » où l'âme des souverains Pontifes habite en présence de Dieu, ce n'est pas l'ingratitude que l'on apprend. Toujours le Saint-Siége s'est montré reconnaissant envers ses protecteurs. Jamais il n'a mesuré l'expression de sa reconnaissance. L'esprit de révolte a coutume d'accuser le Saint-Siége de complaisance pour les rois.

C'est une grande chose aux yeux de l'Église que la royauté; c'est une grande dignité, un grand fardeau. Si l'Église pouvait croire qu'il y a des hommes tentés au delà de leurs forces, elle le croirait des rois. Elle est clémente à ces hommes fragiles et surchargés; elle les plaint beaucoup et demande à Dieu de leur remettre beaucoup. Elle se souvient d'une bonne volonté, d'une simple tolérance, même d'un bienfait retiré. Elle rend éternellement grâce du bienfait accompli.

Lorsque Napoléon Ier tomba, le souverain qui lui fut le plus miséricordieux fut celui qu'il avait le plus persécuté. Le captif de Sainte-Hélène trouva grâce dans le cœur du captif de Fontainebleau. Il le trouva miséricordieux à son âme, miséricordieux à son sang. Pie VII ne pardonnait pas seulement, il se souvenait. Il voyait dans l'exil la main suscitée pour abattre le schisme, il ne voyait plus la main égarée qui avait tiré les verroux sur le chef de l'Église.

Pie IX n'a pas laissé croire qu'il ignorât ce que l'empereur Napoléon III a fait pour la religion. Il l'a loué hautement d'avoir présidé au rétablissement du Saint-Siége, d'avoir maintenu la paix dans Rome, d'avoir respecté la liberté de l'Église. Tout cela est écrit aux actes de Pie IX, avec actions de grâces; tout cela est signalé comme une cause principale de la puissance où le souverain des Français est parvenu ; et lorsque Pie IX souhaite à Napoléon III de ne pas dévier de cette ligne, par là même il lui souhaite de ne pas dévier de sa prospérité et de sa gloire.

Que peut faire de plus la reconnaissance, et que voudrait-on qu'elle fît? Comment! parce qu'un homme a été défendu contre les voleurs, la reconnaissance envers son protecteur l'oblige à lui abandonner sa maison pour qu'il y installe qui bon lui semblera, même les voleurs qu'il a chassés?

III

RÉFLEXIONS SUR UN DISCOURS PIÉMONTAIS.

Leurs petites combinaisons ne manquent pas d'une certaine sagesse. Ils se disent : — « Ne faisons rien de trop. Ne nous donnons pas le mauvais genre de tuer le Pape, il ressuscite; ni de l'enlever, il revient; ni de le mettre en prison, il y grandit. Réduisons-le à la condition de simple particulier, soumis aux lois de simple police.

« N'abjurons pas le christianisme : cela nous obligerait de faire une autre religion, et finirait en tragédie et en vaudeville. Gardons « l'auguste religion de nos pères » sans rien lui ôter, que la tête. C'est-à-dire, retirons peu à peu le cerveau. Laissons la figure. Les peuples n'y verront aucun changement, et ce *caput mortuum* tombera de lui-même, sans effet, sans bruit.

« Les enragés qui veulent tout abattre, tout brûler, tout jeter au vent, sont la plupart futur gibier de confessionnal. Ils haïssent trop pour n'être pas sur la pente d'adorer; ils ont quelque dieu en poche, quelque autel à bâtir sur celui qu'ils veulent renverser. Ne leur permettons que des hurlements, et protégeons contre eux le tremblant troupeau catholique.

« Ayons les yeux sur la Russie; voilà un pays religieux. La *sainte* Russie ! Il y a là des prêtres, des évêques, des moines, des sacrements, des églises où l'on dit la messe, où l'on chante, où l'on prêche ; et rien de gênant pour personne, et presque rien à changer. C'est l'idéal. Un service pour le nettoyage des âmes comme il y a un service pour le nettoyage des rues.... Tous deux dans les attributions de la police !

« Allons prudemment, et nous y sommes. Il faut prendre Rome petit à petit. Rome enlevée au Pape, plus de Papauté temporelle, et dès lors la Papauté spirituelle fera peu de bruit ; ce sera le battant de la cloche dans une robe de paille. Toutefois les catholiques ne resteront pas sans consolation. Ils attendront que le spirituel recompose le temporel, que la vertu du battant rende à la paille la sonorité du bronze.

« Cependant la voix de Rome se taira ; les catholiques se désaccoutumeront de l'entendre ; ils se désaccoutumeront aussi d'attendre. Discutons contre eux. Quand la Force sait discuter, malheur aux principes qu'elle veut contester ! Ses adversaires biaisent, de peur qu'elle ne leur coupe la parole ; les tiers partis

se forment, grande ressource contre les principes !
Enfin, la Force prononce lorsqu'elle voit les esprits
assez préparés. Les uns sont amollis, les autres sont
embrouillés ; ils ont lentement deviné les œuvres de
la Force, ils en ont d'avance épuisé l'horreur. »

Ce n'est pas mal raisonner, et c'est raisonner suivant les portées du temps. Mille questions du passé et de l'avenir demeurent sans réponse ; mais ceux qui les posent peuvent mériter qu'on les amuse, ils ne sont rien qui oblige à leur répondre. Des mystiques ! Quand le fait est accompli, quand on tient le présent, qu'importent les questions du passé et celles de l'avenir ? Le passé est clos ; l'avenir, on le fera, ou il se fera, et le genre humain de l'avenir se tirera d'affaire comme il pourra. Le temps nouveau prend médiocrement souci de l'avenir. Ses héritiers seront bâtards : il craint moins la honte de leur laisser des dettes que le souci de leur préparer des demeures.

Tel est le fond aride et violent de l'esprit moderne. Il regorge d'emphases sur les droits de l'intelligence, sur les droits de la liberté, sur les droits de l'humanité. Il sait se mentir ! Dans la réalité, il est ignorant, destructeur et servile. Son ignorance détruit le champ pour agrandir la ville, détruit le laboureur pour créer l'artisan, détruit l'artisan pour créer le mercenaire, détruit le mercenaire pour créer la machine, détruit la corporation pour créer l'individu, détruit l'individu pour créer l'armée, détruit l'église pour créer la caserne. Jaloux d'atteindre le complément logique de ces destructions et de ces créations, il s'efforce d'abattre la Papauté, dont la chute détruirait l'autorité et créerait la tyrannie.

La question est de savoir si la Providence, qui gouverne le monde par la justice et par la miséricorde, permettra au monde d'aller jusqu'au bout de sa folie? Car de croire que le monde fait ce qu'il veut et va où il veut, c'est l'erreur du monde.

Il y a deux forces dans le monde, qui constituent en réalité deux mondes différents. Il y a la force ou le monde du mal, il y a la force ou le monde du bien. Elles sont en lutte perpétuelle, perpétuellement inégale, perpétuellement trompeuse. Le monde du mal est fort, mais Dieu le contient; le monde du mal est faible, mais Dieu l'assiste. Le monde du mal semble obtenir toutes les victoires, et à la fin le monde du bien est toujours victorieux; ses adversaires eux-mêmes ne vivent que pour lui.

Rien ne paraît en ce moment contre-peser la force du mal, et ses œuvres comme ses desseins méritent assurément que la justice de Dieu lui laisse obtenir un de ces triomphes qui sont les plus rudes châtiments de l'ingratitude humaine. Cependant le monde du bien ne cesse d'invoquer la Miséricorde, et la Miséricorde peut l'emporter sur la Justice ; elle peut abréger l'épreuve, s'il faut que la Justice ait son cours. La Justice s'exercera sur les hommes en les abandonnant à la tyrannie; la Miséricorde les préservera ou les délivrera de la tyrannie en affermissant parmi eux le précieux don de l'autorité.

Étudié hors de Rome, le problème est désespérant. Il semble impossible que ce vieil édifice temporel de la Papauté résiste longtemps, ou, détruit, se puisse jamais reconstruire. A Rome, le point de vue change.

Sans doute, contre ces remparts démunis, l'assaillant n'a pas besoin des inventions modernes; l'antique arbalète suffirait. Point d'armes, point de défenseurs ! Mais la force de Dieu se sent. Il n'y a pas une pierre ici qui ne dise ce que Dieu a fait ici, qui n'ait été apportée de Dieu, qui ne soit posée comme un fondement éternel. Après tout, on a vu l'ennemi aussi fort, le droit aussi méconnu, Dieu et l'humanité aussi endormis. Dieu s'est réveillé; des idées que l'on pensait vaincues, reniées et mortes, se sont remuées parmi les hommes : et le Pape, en pleine possession de son titre déjà déclaré caduc, a continué l'œuvre pour laquelle il est venu dans le monde.

Ni le Pape ni les hommes pieux et savants qui l'entourent ne croient que les destins de la Papauté sont finis. L'Europe politique méprise fort ce qu'elle appelle la cour et les congrégations romaines, sans savoir bien au juste ce que c'est. L'on étonnerait nos journalistes, et même des mérites plus modestes, en leur disant qu'il y a là plus d'esprits éclairés et de fermes cœurs qu'il ne s'en révèle dans le reste du monde. Mais les étonnements de l'ignorance et les négations de l'orgueil n'empêchent pas la science de savoir, la piété d'espérer, la foi de persévérer.

Le Roi temporel de Rome et ses conseillers savent beaucoup de choses qu'ignore à peu près la multitude ennemie. Ils connaissent leur droit, ils connaissent leurs devoirs; et l'un des principaux entre ces devoirs est de ne pas abjurer le droit, de souffrir plutôt la mort. Avec cela, on mène le monde très-loin. Le Pape n'a en face que de vieux adversaires, il n'est désarmé que comme toujours. La prière lui reste, Dieu lui reste; si la justice et la raison peuvent suffire à le défendre, la raison et la justice parlent pour lui; s'il faut la force, le canon rayé n'a pas détrôné la foudre.

Attaché à ce trône de douleur qui s'élève comme une image vivante de la Croix, gardé par les reliques des saints, le Pape demeure tranquille, le front dans les orages du temps, le pied sur le roc éternel.

IV

CHARLEMAGNE.

Dans une des chambres du Vatican, dont le plafond représente la Croix s'élevant sur un piédestal à la place de l'idole brisée, — argument pour M. l'abbé Gaume contre l'enseignement des classiques païens, — j'ai vu la figure de Charlemagne, avec cette inscription : *Carolus Magnus, Romanæ ecclesiæ ensis clypeusque.* Épée et bouclier de l'Église romaine, de l'Église de Jésus-Christ ! — Je peux dire que cette inscription à la détrempe, dans un recoin du Vatican, m'a fait comprendre la gloire.

Parlons encore de Charlemagne. A Rome et dans le temps où nous sommes, il est très-vivant. Les rapports de Charlemagne avec les Papes Adrien et Léon, avec le premier surtout, sont un épisode charmant de l'histoire. Ils donnent bien la mesure de Charlemagne, parce que l'on y voit toute la stature de son humilité. Un héros, un conquérant, un empereur humble, voilà ce qui sort tout à fait des proportions humaines.

Napoléon 1er, très-haute figure, se laissait traiter

de Charlemagne moderne; il avait le sens de la grandeur. Néanmoins il rappelle davantage Alexandre ou César, ou Frédéric de Prusse. La différence est surtout remarquable dans la manière d'agir envers la Papauté. Charlemagne, arrivant aux portes de Rome après avoir défait les Lombards et remis saint Pierre en possession de tout son territoire, demandait au Pape la permission d'entrer dans la ville.

Le traité de Tolentino n'est pas l'équivalent de ce début, et la suite de Napoléon dans les mêmes affaires ne correspond pas à la suite de Charlemagne. Les lettres de Napoléon à Pie VII, si conciliant, si doux, si désarmé, sont dures, impérieuses, injurieuses même, et menaçantes. La menace ne resta pas sans effet.

Ce fut un terrible incident que le mariage du frère Jérôme avec une demoiselle d'Amérique. Napoléon en demande la rupture. Le Pape n'y voit aucun moyen. Napoléon s'emporte, tourmente le Pontife, passe outre, démarie et remarie son frère. Charlemagne, à vingt-huit ans, avait cru pouvoir légitimement répudier Himiltrude et prendre Hermengarde. Le Pape, gardien des lois saintes, lui enjoint de renvoyer la concubine et de reprendre l'épouse : Charlemagne obéit.

Ceux à qui cette obéissance semblerait bassesse ne réfléchissent pas. Il est toujours beau d'obéir à des lois justes, et cela est très-beau lorsqu'on aurait assez de puissance pour les enfreindre. De plus, cela est très-sage; car l'homme finit toujours par obéir, et l'obéissance à la loi dispense de l'obéissance à la force. Charlemagne eut l'humilité d'obéir au Pape, il n'eut pas l'humiliation d'obéir aux Saxons.

Charlemagne n'est pas seulement plus pieux que Napoléon, plus éclairé dans sa foi, plus large dans ses vues et dans ses œuvres, il est incomparablement plus civilisé. Ses lettres au Pape sont d'une urbanité exquise. Il prenait soin de tracer lui-même le programme des formes et du langage dont ses ambassadeurs devaient user envers le Vicaire de Jésus-Christ.

Ils salueront premièrement le seigneur Pape au nom de son fils le roi Charles, et au nom de sa fille la reine Fastrade, au nom des fils et des filles du Roi et de toute la maison royale, au nom des Prêtres, des Évêques, des Abbés et des Religieux, et enfin ils le salueront pour l'universalité du peuple des Francs. Dénombrement homérique, plein de respect et de grandeur. Mais Charlemagne est plus vrai que tous les héros d'Homère.

Ensuite, les ambassadeurs rendront grâce à Sa Sainteté d'avoir envoyé au Roi; car « le Roi regarde
« comme joie, prospérité et salut d'avoir mérité de
« recevoir de bonnes nouvelles de votre santé con-
« servée de Dieu, et de la bonne situation de votre

« peuple, *populi vestri*. » Napoléon écrivait à Pie VII : « Votre Sainteté est souveraine de Rome, *mais j'en suis l'empereur.* » Il prétendait avoir hérité ce titre de Charlemagne.

Ensuite les ambassadeurs rendront au Pape beaucoup de grâces, au nom du Roi, pour ses sacrées et saintes prières en faveur de ses peuples et de ses intérêts, et de la sainte Église, et des fidèles vivants et défunts ; et ils diront à Sa Sainteté que le Roi son fils désire rendre en tout ce bon procédé.

Ensuite, ils diront : « Votre fils, notre maître, nous « a envoyés, parce que, grâce à Dieu, vos bonnes « prières ont apporté prospérité à lui, à votre fille « son épouse, à la race donnée de Dieu à notre « maître, à toute sa maison et à tous ses fidèles. »

Ensuite, ils donneront la lettre du roi, en disant de cette manière : « Notre maître, votre fils, vous a « envoyé la présente lettre en demandant que Votre « Sainteté la reçoive bénignement. »

Ensuite il diront : « Notre maître votre fils vous a « envoyé maintenant des présents, tels qu'il a pu les « préparer dans la Saxe, et quand il plaira à Votre « Sainteté, nous les montrerons. Notre maître votre « fils a destiné ces petits présents à Votre Paternité, « demandant cependant trêve jusqu'à ce qu'il ait « pu en préparer de meilleurs. »

On voudrait savoir quels étaient les « petits présents » que le roi Charles envoyait de Saxe au pape Adrien. Un jour, ce furent des objets précieux qui avaient été pris à l'Église romaine par Attila. Un autre jour, il fit un présent de poutres pour la construction d'une église.

Mais si nous sommes dans l'ignorance quant aux présents, nous savons quelles étaient les demandes. Ordinairement, Charles demandait des prières pour son peuple et pour lui. C'est l'objet probable de la lettre remise par les ambassadeurs dont nous venons de lire les instructions, et nous avons la réponse qui leur fut donnée. Réponse glorieuse pour le roi et le royaume des Francs. La voici :

« Au très-excellent seigneur notre fils et compère spirituel Charles, roi des Francs et des Lombards, patrice des Romains, Adrien, Pape.

« Nous avons reçu vos paroles royales, attendues et très-désirées de Nous. Elles nous font connaître la prospérité très-parfaite de votre haute puissance, de votre compagne, de vos fils et de vos principaux fidèles, qui sont aussi les nôtres : nous en rendons grâces au Rédempteur du monde. Nous bénissons Dieu surtout quand nous voyons les victoires qu'Il vous a fait remporter, et comment des peuples cruels et ennemis ont été par vous amenés à la vraie foi de l'Église catholique. Par la protection de Dieu et l'intervention des apôtres Pierre et Paul, voilà les têtes soumises, les chefs subjugués, et l'inspiration divine et votre puissance conduisent toute la nation saxonne aux fontaines sacrées du baptême.

« De plus en plus, nous glorifions donc la divine Clémence, parce que, sous votre règne et le Nôtre, des peuples païens sont élevés à la vraie et grande religion et à la foi parfaite, en même temps qu'assujettis à vous. Là est le soutien de votre puissance fondée de Dieu. Fidèle aux promesses que Vous avez faites à votre protecteur saint Pierre et à Nous, et les accomplissant d'un cœur pur et dévoué, aidé d'en haut, vous avez mis à vos pieds les plus grandes et les plus valeureuses de ces nations. Elles se rendent désormais; elles viennent d'elles-mêmes dans votre royal domaine. Ainsi, par le salut de leurs âmes, au jour du jugement, devant le tribunal du Christ, vous présenterez de très-dignes offrandes; et pour cet amour des âmes, vous obtiendrez dans le royaume céleste des mérites infinis.

« Pour récompense de ces œuvres et pour la victoire de votre persévérance, vous désirez, excellent seigneur, que nous rendions de publiques actions de grâces à Dieu, et qu'en une ou deux féries nous chantions des litanies solennelles. Un tel désir nous est parfaitement agréable. En conséquence, donnant un ordre apostolique en toutes les contrées qui sont soumises à votre mère spirituelle la sainte Église romaine, nous avons décrété que l'on prie avec Nous, sous la protection de Dieu, aux vingt-troisième, vingt-sixième et vingt-huitième jours du mois de juin, qui sont en la vigile du B. Jean-Baptiste, en la fête des saints martyrs, et en la vigile du B. Pierre. Qu'en cette même forme, votre puissance royale donne des ordres en toutes les contrées et provinces transmarines où demeure une nation chrétienne, afin que ces litanies de trois jours y soient célébrées. Or nous avons déterminé cette mesure de temps pour les chrétientés lointaines placées hors de votre domination.

« Quant à Nous, non-seulement Nous avons réglé de célébrer, ainsi que vous le souhaitez, ces quelques jours de supplications, mais selon notre usage, désirant prier sans intermission pour Votre Excellence, nous avons résolu de composer et de chanter des *louanges* au Rédempteur du monde, afin que les nations qui ont été amenées à la foi par vos batailles y restent toujours par votre soutien, et que Dieu écarte de vos possessions et des nôtres les maladies et la peste; de telle sorte qu'en vos jours et durant les nôtres, le peuple qui nous est confié vive en grande abondance, joie et prospérité, et que vous-même, roi, et votre reine et vos nobles enfants, jouissant d'un long règne ici-bas, vous méritiez un règne sans fin dans les célestes demeures. Et puisse, par vos laborieux combats, votre mère spirituelle la sainte Église romaine être de plus en plus exaltée.

« Que la grâce d'en haut garde Votre Excellence en santé et en salut. »

Ainsi s'écrivaient le grand Roi et le grand Pontife ; et les victoires de Charlemagne et de la nation des Francs étaient un motif d'actions de grâces pour tout ce qu'il y avait de chrétiens sur la terre. Le Pape ordonnait de prier pour le roi Charles, même aux peuples qui n'étaient pas de sa domination. C'est qu'en effet le héros de l'Église était le libérateur de tous. Ses lois, inspirées du Christ, soulageaient les corps du poids de la servitude, les âmes du poids de l'erreur; et son épée, qui renversait les idoles, gardait au loin les nations qui ne lui appartenaient pas.

Mabillon a recueilli des litanies dites *Carolines*, attribuées au Pape Adrien, et qui sont probablement celles dont il est question dans sa lettre à Charlemagne, mais avec quelques corruptions de style et des additions de provenance inconnue. Je traduis ce que l'on peut appeler la partie politique de cette longue prière :

« Malgré notre indignité, ô Christ, écoutez-nous !

« Pour tout le peuple catholique, nous vous prions, écoutez-nous !

« Fils de Dieu, Agneau de Dieu... ayez pitié de nous !

« Le Christ commande, il règne, il est vainqueur !

« Au souverain Pontife et Pape universel Adrien, longue vie !

« Rédempteur du monde, donnez-lui secours !

« Saint Pierre, assistez-le !

« Au très-excellent Charles, couronné de Dieu, grand et pacifique roi des Francs et des Lombards, et patrice des Romains, vie et victoire !

« Sauveur du monde, donnez-lui secours !

« Saint Jean, assistez-le !

« O Christ, exaucez-nous !

« A Pepin et à Charles, ses très-nobles fils, longue vie !

« A Fastrade, reine, salut et longue vie !

« A tous les juges et à toute l'armée des Francs, vie et victoire !

« Saint Remi, assistez-les !

« Le Christ commande, il règne, il est vainqueur !

« Votre grâce, Seigneur !

« La joie et la paix, Seigneur !

« La vie et la santé, Seigneur !

« Contre nos ennemis protégez-nous, Seigneur !

« Le pardon de nos péchés, Seigneur !

Lorsque le saint Pape Adrien passa à une meilleure vie, le roi Charles voulut écrire son épitaphe et composa un petit poëme en vers qui fut gravé sur la pierre et conservé dans la basilique du prince des Apôtres.

La noble pierre ne fut pas enfouie dans les cryptes de la basilique rebâtie, avec d'autres débris de l'ancien édifice. Elle est encadrée sous le vestibule, près de la porte du côté gauche, non loin de la statue de l'Empereur.

Voici cette pièce où respire un si grand et si tendre cœur, où l'humilité et la foi parlent le plus touchant langage, où l'amitié répand de vraies larmes :

« Ici repose Adrien, pape bienheureux, le père de l'Église, l'honneur de Rome, son auguste soutien.

« Dieu fut sa vie, la piété sa loi, le Christ sa gloire ; pasteur apostolique, ardent à toute œuvre de bien.

« Sorti de noble race, fils d'une longue suite d'aïeux, plus noble en ses saintes actions.

« Son zèle religieux le portait à décorer en toutes contrées les sanctuaires consacrés au Seigneur.

« Il combla de dons les Églises, nourrit les peuples par l'enseignement sacré, ouvrit à tous le chemin du ciel.

« Prodigue envers les pauvres, le premier de tous par la piété, il veillait la nuit dans la prière pour son peuple.

« O cité, tête du monde, auguste Rome ! il fut ta sauvegarde par sa parole, par ses largesses, par les remparts qu'il te donna.

« La mort, que le Christ détruisit par son propre trépas, ne fut pas fatale au pontife Adrien ; elle fut pour lui la porte d'une vie meilleure.

« Moi, Charles, versant des pleurs sur le trépas de mon

père, j'ai composé ces vers. Tu étais, ô père! ma plus douce affection, et je te pleure aujourd'hui.

« Garde souvenir de moi! Mon âme ne cesse de te prier, maintenant que, dans la compagnie du Christ, tu habites l'heureux royaume du ciel.

« Le clergé et le peuple t'aimèrent d'un grand amour, excellent pontife; tu étais pour tous un même amour. J'unis ici nos deux noms et nos titres : Adrien, Charles; moi le roi, toi le père.

« Passant qui lis ces vers, je t'en supplie avec tendresse, daigne dire : Dieu clément, ayez pitié des deux !

« Que cette tombe conserve donc dans le repos tes membres, ô pontife chéri ! Que ton âme auguste jouisse donc de Dieu avec les saints!

« Jusqu'à ce que la dernière trompette fasse retentir à tes oreilles ces paroles : « Lève-toi avec Pierre ton prince, lève-toi pour voir Dieu ! »

« Alors tu entendras, je le sais, la voix souveraine du juge : « Entre maintenant dans la joie immense de ton Seigneur. »

« A ce moment, excellent père, daigne avoir souvenir de ton fils. Pense à répondre : « Qu'il vienne avec son père, celui-ci qui est mon fils! »

« Monte donc, heureux père, au royaume céleste du Christ; et de là répands sur le troupeau le secours de tes prières.

« Aussi longtemps que le soleil éclairera le ciel de ses feux, ta gloire, ô père saint, demeurera vivante sur la terre! »

L'empereur Charlemagne avait mandé à la cour le bon duc Guillaume d'Aquitaine, petit-fils de Charles Martel, l'un de ses vaillants et de ses pairs, qui dans son empire étaient presque des rois. Guillaume, en vingt rencontres, avait défait les Sarrasins ; il leur avait repris Orange ; il régnait à Toulouse, riche, magnifique, orné de bonne gloire ; il était honoré des peuples, chéri de l'Empereur, aimé de Dieu. A son arrivée, l'Empereur le combla de caresses et de louanges ; et comme l'on s'aimait dans la maison de Charlemagne, tout le monde en éprouvait de la joie. Mais pourtant le bon duc Guillaume avait une angoisse au cœur. Un jour, tremblant, il aborda l'Empereur, et lui dit : « Seigneur Charles, mon père, écoutez votre soldat :

« Vous savez, seigneur, combien je vous aime et comment je vous ai servi. Vous m'êtes plus cher que la vie et la lumière. J'étais à vos côtés dans les batailles, et partout, lorsque j'ai vu du péril pour votre personne, je vous ai fait un rempart de mon corps. Mais maintenant le temps des batailles est passé, et je vous demande la permission de servir désormais le roi éternel. Donc, Sire, mon ami et mon père, laissez-moi aller ; car depuis déjà longtemps mon vœu est de quitter le monde et de m'enfermer au monastère que j'ai construit dans le désert pour l'amour de vous. »

Le bon Empereur, surpris, changea de couleur et

fut quelques instants sans parole. Puis enfin, poussant un grand soupir et répandant des larmes : « — Duc Guillaume, vous me percez le cœur. Certes, si vous m'aviez préféré un roi ou un empereur quelconque, je le prendrais à injure et je soulèverais contre lui l'univers entier. Mais vous empêcher de quitter ma milice pour devenir soldat du Roi des Anges, cela je ne le peux pas. Je vous laisse donc aller et ne vous demande qu'une chose : c'est que vous acceptiez quelque présent, pour souvenir de notre amitié. » Ayant dit ces paroles, il se jeta au cou du duc Guillaume et pleura amèrement. Et le duc Guillaume fondit en larmes, voyant pleurer son roi.

Mais, ramassant ses forces, il dit : « — Que Votre Altesse ne pleure pas ainsi son serviteur. Si j'avais prévu ces larmes, je confesse ma faute, j'aurais pris la fuite sans consulter ni saluer Votre Majesté. Maintenant donc, Seigneur, pour mon plus grand bien et le vôtre, commencez vous-même, congédiez-moi vers notre commun maître, non avec tristesse, mais avec une joie chrétienne. Quant aux trésors que vous m'offrez, puisque pour la pauvreté de Notre-Seigneur je laisse tout ce qui est à moi, comment pourrais-je prendre ce qui est à vous ? Et cependant, s'il vous plaît absolument d'offrir à Dieu quelque chose en ma personne, je vous demande ce morceau du bois très-saint de la Croix, que vous avez reçu de Jérusalem un jour que j'étais près de Votre Majesté. »

Et le bon empereur Charles, quoiqu'il fût extrêmement attaché à cette sainte relique, la donna aussitôt au bon duc Guillaume, en témoignage de leur perpétuelle amitié, plus durable que la vie, plus forte que la mort. Et ayant encore pleuré dans les bras l'un de l'autre, ils se séparèrent pour ne plus se revoir qu'au ciel. Le duc Guillaume, humble moine, couvert d'une pauvre bure, monté sur un âne ou sur un pauvre mulet, allait porter la nourriture aux ouvriers du monastère répandus dans les champs. Il est devenu saint Guilhem de Gellone. — Et si l'on peut imaginer une conversation entre le conquérant moderne de la Sicile et son roi qui veut prendre, c'est-à-dire se faire donner Rome, on aura quelque idée de la différence des hommes et des temps.

L'empire de Charlemagne comprenait la France, la Catalogne, la Navarre et l'Aragon; la Flandre, la Hollande et la Frise; les provinces de la Westphalie et de la Saxe, jusqu'à l'Elbe; la Franconie, la Souabe, la Thuringe et la Suisse; les deux Pannonies, c'est-à-dire l'Autriche et la Hongrie, la Dacie, la Bohême, l'Istrie, la Liburnie, la Dalmatie et jusqu'à l'Esclavonie; enfin toute l'Italie jusqu'à la Calabre inférieure. « Un si grand Empereur, disent les bréviaires des églises d'Allemagne qui ont conservé son culte, un si grand Empereur se montrait vêtu d'un habit qui le distinguait à peine du peuple;

presque habituellement il portait le cilice ; et ce n'était qu'aux principales fêtes de Jésus-Christ et des saints que l'or paraissait sur lui. Il défrayait les pauvres et les pèlerins, tant dans son propre palais que dans les autres contrées par les aumônes qu'il y envoyait.

« La soixante-huitième année de son âge, ayant fait couronner roi son fils Louis, il se donna tout entier à la prière et à l'aumône. De coutume, il se rendait à l'église le matin et le soir, souvent même aux heures de la nuit ; faisant ses délices d'entendre chanter le chant grégorien qu'il établit le premier en France et en Allemagne. Il eut soin de faire transcrire en tous lieux les hymnes de l'Église. Il fut toujours très-sobre, traitant ses maladies par le jeûne, qu'il prolongea quelquefois jusqu'à sept jours. Enfin, arrivé à soixante-douze ans, après avoir reçu la sainte communion et fait lui-même sur chacun de ses membres le signe de la croix, il dit : *In manus tuas...* entre vos mains, Seigneur ! et plein de mérites rendit son âme à Dieu. »

J'ai dit que Charlemagne était l'antithèse parfaite de Néron. L'on peut les comparer en tout, dans la personne, dans les œuvres, dans la vie, dans la mort ; partout le contraste éclate. Et l'empire de Charlemagne est aussi l'antithèse achevée de tout cet ordre de faits, d'idées et de choses que l'on appelle le césarisme, et qui fut l'empire de Néron. Charlemagne règne pour Dieu ; il est le chef du peuple chrétien et s'applique à le conduire dans la lumière, la justice et la paix de la loi chrétienne. C'est pour Dieu qu'il combat, qu'il punit, qu'il pardonne, qu'il étudie, qu'il bâtit, qu'il fait toutes choses. Il est pleinement, comme il s'intitulait lui-même, « Roi et « gouverneur par la grâce de Dieu et le don de sa « miséricorde, dévôt défenseur de l'Église de Dieu « et son humble champion. »

Sa mémoire est restée en bénédiction parmi les peuples. Il fut enseveli dans la basilique d'Aix-la-Chapelle, — sa maison d'or — qu'il avait bâtie et diligemment enrichie des reliques des saints. « Les pèlerins y affluent de toutes les contrées avec une piété sans cesse entretenue par les faveurs que Dieu accorde à son intercession. Sa fête est célébrée dans la plupart des diocèses d'Allemagne, du consentement de l'Église, depuis le pontificat d'Alexandre III, comme celle du principal propagateur de la foi dans le Nord. » Ainsi parlent les bréviaires cités dans l'*Année liturgique* du savant abbé de Solesmes.

Et l'église d'Aix-la-Chapelle chante en face de son tombeau glorieux :

« Charles est le fort soldat du Christ, le chef de l'invincible cohorte. Il renverse à lui seul dix mille combattants.

« Il purge la terre ; son glaive arrache l'ivraie et affranchit la moisson.

« Voilà le grand empereur, le bon semeur d'une bonne semence, l'agriculteur prudent.

« Il convertit les infidèles, il renverse temples et dieux ; sa main brise les idoles.

« Il dompte les rois superbes, il fait régner les saintes lois avec la justice.

« La justice ; mais il lui donne pour compagne la miséricorde.

« O roi triomphateur du monde, toi qui règnes avec Jésus-Christ, ô père saint ! O Charles, intercède pour nous,

« Afin que purs de tout péché, dans le royaume de la lumière, nous, ton peuple, nous devenions habitants du ciel avec les bienheureux ! »

Tel était l'Empereur fait par le Pape, et que seul pouvait faire le Pape. S'il n'y avait plus de Pape indépendant, les peuples du Christ pourraient voir encore des Alexandre, des César et des Attila, mais plus de Charlemagne. Et c'est un point à considérer dans l'étendue de la *question Romaine*.

V

L'ÉGLISE LIBRE DANS L'ÉTAT LIBRE.

Je n'ai pas encore parlé de mon ami Ercole, l'aigle des Romagnes. C'est un Coquelet italien et catholique. Il croit en Dieu et en l'Italie une et libre; il confesse l'Église et le Piémont; il attend tout du Pape et du roi Victor-Emmanuel.

Comme patriote, il veut absorber les Romagnes sa patrie, et Rome même, dans l'Italie faite à la taille du Piémont. Comme catholique, il veut placer l'Église en l'air, afin qu'elle soit débarrassée du monde, et le monde d'Elle, et que tout aille bien.

Et comme il est pourtant chrétien et honnête homme, il ne laisse pas de trouver des difficultés au but qu'il se propose. Sa logique est gênée, sa conscience est gênée. Il est gêné par ses sentiments chrétiens et par sa renommée de catholique libéral, glorieuse conquête de mille travaux.

Il vient fréquemment m'offrir la solution du problème, et chaque fois il se retire à peu près sûr de ne l'avoir pas trouvée. Mais il est convaincu que s'il la rencontre enfin, le règne de Dieu sera réalisé sur la terre. Cela vaut la peine de chercher !

L'Italie *une* sera la reine du monde, ainsi qu'il est démontré dans le *Primato* de l'abbé Gioberti; et tout ce qui prouve le contraire ne prouve rien. Quant à la religion catholique, qu'elle soit délivrée de ses possessions temporelles, et aussitôt elle conquerra tous les cœurs. Ercole n'en veut pas douter.

J'évite que mes deux Coquelets ne se rencontrent. S'ils venaient à se frotter, ils s'enflammeraient réciproquement, et le peu qu'ils ont conservé de raison s'en irait en fumée. Coquelet d'Italie deviendrait païen; Coquelet de France, mauvais catholique.

Ercole était triomphant ce matin. — « Ah ! Ah ! s'est-il écrié, me montrant un journal, *ecco* ! Ce que je cherche depuis si longtemps, je le tiens donc ! J'ai la formule de mes longs et pressants désirs. » Et il lut : *L'Église libre dans l'État libre !*

« Voilà, poursuivit-il, l'accord de la religion et de la liberté; le voilà ! L'État libre devant l'Église, l'Église libre dans l'État; plus de rapports entre eux que par la liberté, plus de chocs ni de chaînes. Saluons la paix du monde ! »

Je restai muet. Ercole reprit : — « Est-ce que vous ne comprenez pas, ou cherchez-vous des sophismes pour ne point vous rendre ? Mais vous pourrez trouver des sophismes qui vous lient, vous n'en trouverez pas qui emprisonnent l'esprit humain.

« Si vous refusez l'accord, vous aurez la guerre; et la guerre, c'est pour vous la défaite, l'oppression, la mort. L'État veut être libre, il le sera. Non, vous ne triompherez point de l'humanité! Pour établir la liberté, l'humanité plutôt supprimera l'Église. »

Mais, dis-je alors bien humblement, — car ce diable d'Ercole me laisse toujours craindre qu'il ne débride tout à fait son éloquence, après quoi il n'y a plus aucun moyen de faire écouter la moindre objection; — Mais, *Ercole mio*,

Si je ne peux pas même réfléchir, quelle liberté me laissez-vous? Et quelle sera la liberté de l'Église, qui demande plus de place que la mienne? Et quelle idée me puis-je faire et vous faites-vous d'une liberté qui aura étouffé l'Église?

Je vous honore, Ercole. Vous êtes un terrible mais honnête garçon. Vous voulez le bien, vous aimez sincèrement la liberté de l'État, sincèrement la liberté de l'Église. Mais, par malheur, ces deux libertés ne sont pas la même liberté!

« — Comment! » dit-il. — Par grâce, Hercule, couchez là votre massue. Peut-être que je suis prêt à me rendre. Je dis que la liberté de l'Église et la liberté de l'État ne sont pas la même liberté, comme la Vertu et Omphale ne sont pas la même dame, ni la même beauté.

Au commencement vous suivîtes la Vertu, qui seule vous paraissait belle. C'était la liberté de l'Église, s'il vous plaît... — Éloignons un peu, je vous prie : je n'aime pas, quand je raisonne, que cette massue soit à la portée de votre main. —

Plus tard, un jour que la Vertu avait refusé de s'asseoir sous je ne sais quel laurier, et que, d'un visage plus sévère, elle poursuivait son chemin, quoique peut-être vous fussiez un peu las ;

Sur une herbe molle et fleurie, au bord d'un fleuve chargé de barques joyeuses, vous rencontrâtes cette Omphale au minois piquant. D'abord elle témoigna quelque dédain ; puis elle se mit à sourire...

Je ne conteste pas les mérites d'Omphale : c'est une grande reine ! c'est, du moins, la reine d'un peuple nombreux. Elle est puissante, elle donne la gloire, et une faiblesse ne dépare point un héros ; et enfin Omphale vous fit asseoir à ses pieds.

Votre massue, cette massue redoutable même à vos amis, elle l'entoura d'une filasse ; et dans la plus étrange compagnie de forbans et d'eunuques, on vit Hercule filer. Tel est le pouvoir des charmes d'Omphale... Si vous le permettez, Omphale est la liberté de l'État.

Vous avez su, ou vous avez cru, *arcicarissimo mio*, vous mettre d'accord avec la Vertu, parce qu'elle vous est toujours chère, et avec Omphale, parce que vous êtes toujours amoureux. Mais Omphale, c'est-à-dire la liberté de l'État, et la Vertu, c'est-à-dire la liberté de l'Église, sont-elles d'accord entre elles? Sur le compte l'une de l'autre, sont-elles d'accord avec vous?

Omphale, la liberté de l'État, tient des propos louches contre la Vertu; elle en autorise de trop clairs. Écoutez le susurrement des eunuques et les cris endiablés des forbans : ils ne parlent que de réduire, que d'enchaîner, que d'étouffer cette pauvre Vertu, cette arrogante, cette importune.

« — Oui, disent-ils, qu'elle soit libre; mais que
« sa liberté ne puisse plus gêner la nôtre! que son
« silence même ne nous condamne pas! que son
« aspect même ne nous chagrine pas! que ses mai-
« sons froides et fermées n'attristent pas la physio-
« nomie de nos villes!

« Quoi! nous verrions ses processions, nous en-
« tendrions ses cloches, nous pourrions rencontrer
« ses habits lugubres! Bien plus, elle tiendrait de
« plein droit ses odieuses écoles qui abusent la jeu-
« nesse et qui détournent tant de belles filles d'en-
« trer dans les corps de ballet!

« Quoi! elle aurait des lois que nous ne pour-

« rions pas abroger! Elle élèverait impunément ses
« insolents discours contre tout ce que nous ai-
« mons : et ses évêques pourraient parler aussi haut
« que Grandguillot et que La Bédollière!

« Quoi! dans un pays de liberté, sous prétexte
« de liberté, nous laisserions vivre, discourir,
« penser en liberté des hommes qui n'aiment, ni
« n'entendent, ni ne pratiquent, comme nous, la li-
« berté! Nous croit-on imbéciles? Ne connaissons-
« nous pas la difficulté de répondre à ces gens-là?

« L'Église libre dans l'État libre, certainement!
« Mais si l'État ne peut pas réglementer l'Église,
« s'il n'a pas la clef des écoles, l'inspection des
« sacristies, la police des séminaires ; s'il ne peut
« pas fermer la bouche de l'Église — et même l'ou-
« vrir, — alors l'État n'est plus libre, et l'Église est
« un État dans l'État! »

Vous reconnaissez ce langage, Ercole, et vous savez qu'ils en disent bien d'autres; et vous savez que les plus impudents mêmes n'osent pas dire tout ce qu'ils osent penser. J'ajoute que les plus impudents n'osent pas penser tout ce qu'ils oseraient faire.

Écoutez maintenant ce que vous dit la Vertu :
« Mon fils, que me conseillez-vous et qu'espérez-
« vous? Ne savez-vous point que je leur suis à
« charge, et que si je demeure encore sur la terre,
« c'est parce que Dieu m'a donné l'immortalité?

« Ne savez-vous pas que je dois les contredire et
« qu'ils ne le veulent point? Ne savez-vous pas que
« j'ai des paroles à prononcer et des œuvres à faire
« dont ils ont horreur? Ne savez-vous pas que je
« suis la reine et qu'ils sont des révoltés?

« Quand même je pourrais consentir à me taire,
« ils ne me supporteraient pas. Ce n'est point assez
« que je cesse de proclamer la vérité, ils me de-
« mandent de proclamer que la vérité est l'erreur.
« Voulez-vous que je ne fasse pas ce que j'ai à faire,
« et que je ne sois pas ce que je suis?

« Que gagnerais-je à cela, et qu'y gagnerait le
« monde? Le monde n'existe que pour moi, afin
« que je le remplisse des lumières de Dieu. Or leur
« liberté est de se persuader et de persuader au
« monde qu'il y a un autre Dieu que Dieu.

« Ma liberté est sainte et sans tache. Elle a cons-
« titué les sociétés sur les notions les plus douces
« de l'amour, sur les bases les plus claires du de-
« voir. Par ma liberté j'ai créé et maintenu l'ordre
« entre les hommes; par elle j'ai mené les âmes à
« Dieu.

« Je puis subir la force, endurer les fers, dévorer
« toutes les ignominies. Dieu m'a formée pour ces
« épreuves, et j'en sors plus digne de ses regards.
« Mais il n'y a point de force qui me fasse renier la
« vérité, et je ne reconnais aucune liberté légitime
« contre ma liberté. »

Hercule, mon ami très-cher, Omphale raisonne bien, et la Vertu a raison. Allez au fond de ce que l'on appelle l'État, et vous verrez sans peine que l'État se prétend Dieu. Or les droits de la liberté d'un Dieu sont les droits de la Divinité.

A quoi, s'il vous plaît, se peut réduire la liberté de l'Église devant les droits de l'État-Dieu? Votre formule a été dressée à bonne intention ; mais c'est un de ces beaux lieux communs que charrient en abondance les fleuves du pays d'Utopie.

Si vous disiez : « L'Église libre dans un peuple libre, » je vous comprendrais, et je le dirais avec vous. Seulement, un jour, je vous tirerais à part, loin des échos railleurs, et là, discrètement, à voix basse, je vous dirais : Ercolino,

Faites-moi ce plaisir, apprenez-moi comment vous concevriez une Église, je dis la vraie Église, esclave au sein d'un peuple libre? ou l'Église libre, et autour d'elle un peuple sans liberté?

La liberté du peuple et la liberté de l'Église ne se séparent point. Église et peuple sont libres en même temps. Et si vous me citez Londres ou Paris, réfléchissez bien : vous verrez que vous me donnez en preuve des citoyens qui ne savent plus s'ils ont une âme, ou qui n'ont plus le droit de la sauver.

Hercule, Hercule, rendons-nous à l'évidence, il est temps ! Ce bel adage pêché au fleuve d'Utopie, l'Église libre dans l'Etat libre, une voix très-honnête l'a très-innocemment proclamé en France; mais écoutez l'écho qui nous le renvoie du Piémont.

L'homme du Piémont dit aussi : L'Église libre dans l'État libre! Or, l'homme du Piémont sait bien ce qu'il veut et veut bien qu'on le sache; le mensonge n'est plus pour lui qu'un ornement, un voile dédaigneux qu'il accorde par grâce aux consciences pressées de pactiser.

Il marche à découvert, dans son vrai chemin, vers le but qu'il a longtemps désigné. Mais vous, Hercule, vous semblez avoir placé votre but dans les nuages. Poursuivant d'une conciliation impossible, vous vous engagez dans des voies dont vous n'êtes pas sûr.

On vous dit que ces voies sont bordées d'abîmes. Vous avez beau nier, vous avez beau éviter de sonder et même de regarder la route : les abîmes n'en existent pas moins. Ouvrez donc les yeux, et qu'une crainte puérile ne vous empêche plus de revenir sur vos pas.

Vous ne voulez point, dites-vous, briser l'unité de votre vie, qui a toujours cherché les moyens de concilier l'inconciliable. — Hercule, l'homme qui prétend n'être point sujet à l'erreur, persévérera en vain dans ce fier sentiment de lui-même : il ne mettra point d'unité dans sa vie.

Votre vie et toute vie humaine ne saurait offrir au ciel et à la terre une autre et plus belle unité que d'avoir fidèlement, courageusement et humblement voulu se dévouer au triomphe de la vérité. Ne vous entêtez pas à perdre cette gloire, c'est la seule qui durera.

Ercole dédaigna de me répondre, et je vis qu'il s'en allait plein de pitié pour moi. O bon ange des païens! éloignez de Coquelet ce serviteur de Dieu!

VI

UN SUBALPIN.

Soyons justes pour tout le monde : le Subalpin ne manque pas de certaines remarquables qualités.

Il a l'audace, l'audace, l'audace. Ce fut le vice des laquais; mais nous sommes démocratisés.

Démocratisés, déchristianisés, notre français s'est démoralisé. Audace sonne comme autrefois courage.

Le Subalpin est audacieux. L'homme de courage, l'homme de cœur, était celui qui bravait le péril;

Qui allait au feu des batailles, qui affrontait le feu des séditions, qui domptait le feu des tentations,

Qui méprisait tous les dangers, et les provoquait tous et les surmontait tous pour faire son devoir.

L'homme de cœur craignait trois choses : un peu le jugement des hommes de bien, beaucoup le jugement de sa conscience, infiniment le jugement de Dieu.

L'audacieux ne se connaît qu'un devoir : triompher de l'homme de bien, de sa conscience, de Dieu même. Il craint la canaille.

Il la craint d'une crainte servile. Il l'adore tant qu'elle veut; il la trompe tant qu'il peut; il la flatte toujours.

On peut avoir beaucoup d'audace et nul courage, ni un atome de cœur. — Nous disons donc que le Subalpin est audacieux.

Il est obstiné dans ses pensées perverses : il les reprend, il les pousse, rien ne l'en détourne. Cette vertu s'appelait l'entêtement.

L'homme persévérant, assuré de marcher vers le grand et le juste, ne se laisse arrêter par aucun obstacle.

Plutôt que de reculer, il se couche aux pieds de l'infranchissable; il y meurt,

Afin de servir de marchepied à ceux qui viendront ensuite, et que par un escalier d'ossements et de cadavres, l'obstacle soit enfin franchi.

Les martyrs s'entassèrent ainsi aux pieds des montagnes; ils comblèrent les ravins et les abîmes, et le genre humain put aller à Dieu.

L'entêté fait mourir des hommes pour atteindre son but à lui, sa gloire, la gloire de sa chétive personne et de son misérable nom.

Par un escalier de cadavres, j'escaladerai la montagne, j'y installerai ma gloire, et l'on dira que c'est moi, et que j'ai fait cela !

Sur des fascines d'ossements humains, je traverserai l'abîme. Et si l'abîme s'élargit, tant mieux : on saura que j'ai passé, moi !

Et je me suis tiré de l'ignoble foule, et j'ai fixé les regards du monde !...

Oui, Excellence, et quel mystère ! Après tant de peines et de succès, vous n'êtes pourtant et ne serez jamais qu'un faquin.

Or, le plus pauvre et le plus ignoré des mortels qui, luttant contre les fragilités de son âme, les aura non pas vaincues,

Mais seulement aura persévéré jusqu'à la fin dans son effort pour les vaincre, celui-là sera grand même devant les hommes; il sera saint devant Dieu.

———

Autre beau côté du Subalpin : il a bien l'intelligence des vices de son temps. Comme il les connaît ! Il dit aux hommes : « Vous serez des dieux !

« Je vous donnerai les royaumes de la terre; vous les gouvernerez et vous les mangerez, et toutes les vertus agréables y régneront naturellement. »

Il ne l'a pas inventé, mais il leur dit que ce sont des choses nouvelles, et dignes de la hauteur où l'esprit humain est enfin parvenu.

C'est ce que l'on appelle les finesses de l'esprit politique. On dit que le maître est Machiavel. Du tout ! C'est sir Pandarus de Troie.

Le christianisme fait aux hommes l'honneur de leur proposer des vertus; le Subalpin sait qu'ils souffrent plus volontiers qu'on leur fasse l'affront de caresser leurs vices.

———

Il est calme. — Seigneur, la ville a été bombardée; voici les clefs. — C'est bien. Le lendemain il reçoit un soufflet : — Ce n'est rien !

Il est tout à tous, pas fier. Il ne tressaille point quand il touche la main de celui-là, ni quand il est touché de la main de celui-ci.

Il cause avec Liborio, il le serre dans ses bras, il lui donne sa parole d'honneur, il le baise au visage. Liborio craint d'être trahi.

C'est le sang-froid, l'aisance et la prudence de l'homme d'État. Autrefois ce fut la vile impudence du vil ambitieux.

Tels sont les mérites du Subalpin. Pour résumer, il possède deux avantages qui font l'homme politique parfait.

Premier avantage : il ne croit point en Dieu. Second avantage : il n'a point d'honneur. Ce ne sont plus des qualités rares ;

Mais le Subalpin les possède à un degré suréminent, surtout la seconde. Par là il est l'homme de son temps, le temps nouveau.

Le reste est encore contestable. Je laisserais dire qu'il n'est, comme d'autres puissants, que le jouet d'une situation donnée ;

Qu'il n'est qu'un fétu, un bouchon, une loque ; qu'il surnage, trop faible pour s'arracher du courant, trop léger pour couler au fond.

Il y a de ces écumes que le flot porte longtemps sans les dévorer et qu'il finit par jeter sur le bord, dans un endroit tranquille et sale.

On peut croire que la conscience du Subalpin est troublée, et qu'il a peur la nuit, se disant dans l'intime de l'âme des choses qu'il n'avoue pas.

Mais, pour ce qui est du vieil honneur, il s'en est défait avec évidence; et le monde entier publie et atteste qu'il ment.

Quant à l'extérieur, s'il était mon héros, j'en aurais de l'ennui. Quelle sorte de mérite voulez-vous qui se cache sous cette sorte de figure?

Le pays qui l'a enfanté et exalté sera bien forcé de porter sa statue. Il y a donc une justice! Quelles jambes, quel torse, quelles lunettes, quelles bajoues!

Voilà pourquoi l'infection du réalisme et de la photographie s'est installée sur la terre. Il est juste que de tous ces hommes il reste des portraits ressemblants.

Viens, viens, réaliste! Dans les pots que tu nommes ta palette, trempe ces queues de vache que tu nommes tes pinceaux,

Et sur d'immenses torchons, pourtrais au vif tous ces visages!

Tu t'es élevé à ton heure, pour être l'Apelles de ces Alexandres [1].

VII

DEVANT SAINT-JEAN DE LATRAN.

Autour de Saint-Jean de Latran, c'est le désert, le beau désert de Rome. Une place vaste et irrégulière, horreur de Coquelet; peu de passants, aucune boutique, quelques petits arbres, quelques grands palais abandonnés, quelques ruines, quelques édifices qui semblent près de tomber. Mais donnez leur nom à ces édifices, toute cette solitude se remplit d'histoire, et l'immortalité, sous forme d'auréole, couronne ces murs croulants.

Là-bas, où l'on voit un palmier, c'est la basilique de Sainte-Croix en Jérusalem, bâtie par sainte Hélène et par Constantin pour recevoir les reliques de

---

[1] Ce portrait était écrit lorsqu'une mort soudaine a fait disparaître le modèle. Je l'avais peint pour être exposé; je l'expose tel que je l'avais peint. Que l'homme ait eu le temps de demander grâce et que Dieu lui ait pardonné, je le désire. Mais j'ai droit sur son caractère et sur ses œuvres, j'use de mon droit. Les complices, les disciples et les apologistes ne permettent pas que la vérité se taise devant le tombeau qu'ils érigent en arc de triomphe.

la Passion du Sauveur, et elles y sont toujours. Plus près, cet édifice d'un aspect plus civil que religieux abrite la *Scala santa*, l'escalier du prétoire que monta Jésus-Christ pour comparaître devant Pilate. Tout près, ce pan de mur qui porte une mosaïque encore brillante, c'est le reste du *Triclinium* que fit élever saint Léon III, Pape, pour recevoir Charlemagne, Empereur.

Quelle escorte pour la mère et la maîtresse des églises, quelle garde autour de ses murs sacrés ! Constantin, Charlemagne et Pilate, le calvaire et l'empire ! l'escalier de marbre que Pilate montait et descendait, plein de la puissance romaine, et qu'il monta et descendit maintes fois en s'étonnant qu'un gouverneur de province, un si grand personnage, pût sentir en lui-même quelque trouble d'avoir envoyé au supplice ce rêveur qu'on appelait Jésus de Nazareth. *Quid est veritas ?* demandait Pilate. O Pilate ! tu le sais maintenant, et peut-être, déjà tu le savais !

J'aime cette place de Latran. J'y vais souvent seul ; ce matin j'y ai mené Coquelet. J'espère obstinément qu'enfin ses yeux et son cœur s'ouvriront. Incapable de comprendre la beauté, il finira peut-être par la sentir, et tant de légions d'anges sont ici pour répandre la grâce et recueillir la bonne volonté ? — Outre les gardiens dont je viens de parler, le Latran a des témoins, qui ont vu toutes ses vicissitudes et toutes ses splendeurs.

Du péristyle on voit les montagnes de la Sabine, vertes, noires, dressant dans le ciel bleu leurs crêtes étincelantes de neige et de soleil. J'ai beau trembler et ne rencontrer partout que des sujets d'alarme, je ne puis me persuader que ce Latran désert et si souvent rebâti soit moins solide que ces montagnes qui le contemplent depuis quatorze cents ans. Et elles contemplent en lui leur vainqueur, et elles sont aussi ses gardiens et ses sentinelles. La Croix s'est élancée du Latran, elle a volé sur tous ces sommets orgueilleux et les a conquis.

Dans ces neiges et sur ces rochers, Dieu a pris sa demeure; des églises se sont élevées, et la foi s'emparant des montagnes a fait de leurs pics et de leurs pyramides des ostensoirs d'où rayonne le saint Sacrement. Si tout cela tombe, d'autres choses tomberont.

Nous ne mourrons pas seuls et quelqu'un nous suivra.

Devant l'église, entre le péristyle et le *triclinium*, quelques pelotons de jeunes soldats français faisaient l'exercice. Un groupe d'Italiens regardaient, gens d'assez mauvaise mine, comme on en rencontre maintenant plus fréquemment dans Rome. Ils avaient l'air de se dire qu'après tout ces Français ne sont pas grand'chose, et qu'*Italia*, si elle voulait bien, les avalerait aisément. Coquelet en eut l'idée, comme moi. — « Mais, ajouta-t-il, Italiens, ne vous y fiez pas, il y en a d'autres! »

— Poursuivons, Coquelet. Ces petits pelotons de petits hommes, qui présenteraient une si petite figure de la France, à ne considérer qu'eux, et en mettant de côté la géographie et la politique, me peignent la situation temporelle de l'Église en ce moment. — Vous me semblez avoir raison, dit Coquelet. — L'on voit, continuai-je, peu de fidèles ; ils sont petits, ils sont novices, et la facilité est extrême d'engloutir tout cela. — Certes, reprit Coquelet, et je crois vous l'avoir assez dit. — Oui, Coquelet ; mais il y en a d'autres !

— Où donc ? — Je l'ignore absolument, mon ami. — Je me fais fort de vous prouver, reprit Coquelet, qu'ils ne sont nulle part. — Inutile, Coquelet ; je vous accorderai tout de suite qu'on ne les voit pas, et même qu'ils n'existent pas. Mais j'ajouterai tout de suite que cela n'y fait rien. Ils sont où Dieu sait, ils seront où Dieu voudra, ils viendront quand Dieu les appellera. — Sur ce pied, dit Coquelet, je ne discute plus. — Rien de plus sage, Coquelet.

Lorsque saint Pierre, tirant l'épée, coupa l'oreille de l'un des hommes qui venaient arrêter son maître, Jésus, Notre-Seigneur lui commanda de remettre l'épée au fourreau, parce qu'il fallait que les Écritures fussent accomplies. Mais en même temps, il lui dit : « Pensez-vous que je ne puisse pas prier « mon Père, et qu'il ne m'enverrait pas aussitôt plus « de douze légions d'anges ? » Je ne crois pas que ces paroles aient été prononcées sans dessein, ni sans dessein adressées à Pierre lui-même.

Je ne pense pas que Pierre ait oublié, ni que nous devions oublier, quoi qu'il arrive, que déjà plus d'une fois les légions ont été envoyées; tardivement, sans doute, au gré des fidèles, et néanmoins toujours en temps opportun. Dieu n'est pas forcé de prendre nos heures! Ces légions, Maxence les a rencontrées près d'ici, lorsque ce fut l'heure de bâtir cette église : la veille elles n'existaient pas. Ces mêmes légions, fraîchement formées, écrasant la puissance lombarde, ont amené Charlemagne et avec lui l'empire à ce seuil de Latran.

Que d'autres fois on les a vues! et je le répète, elles n'existaient point. Donc, si douze légions deviennent nécessaires, on les aura; et si douze fois douze légions sont indispensables, on les verra. Et si la foudroyante *Italia* dévore tout, il y en aura d'autres. Ce serait une erreur de croire qu'il faut que ces armées sachent au moins faire le signe de la croix. Quelquefois il plaît à Dieu d'employer des mercenaires. En bâtissant le Latran et Saint-Pierre, plus d'un maçon, sans doute, a blasphémé.

Je connais toutes vos raisons, Coquelet; je sais par cœur tout Buloz et tout Havin. Dieu voit que je ne les méprise pas. Havin et Buloz sont deux forts béliers, capables, bien manœuvrés, de démolir beaucoup de murailles : mais les murailles du Latran, mais les murailles de Saint-Pierre, mais les murailles de Dieu, elles sont faites de blocs qui durcissent quand on les frappe, et le sang qu'on y verse devient aussitôt ciment. Ciment romain, Coquelet!

Quels motifs sérieux ai-je de croire qu'enfin la parole soufflée à Buloz et le mécanisme qui meut la main de Havin l'emporteront sur la parole et sur la main de Jésus-Christ? Pourquoi me persuaderais-je que les promesses de Jésus-Christ sont enfin caduques, et que les prophéties de Buloz et d'Havin seront tout à l'heure accomplies? Les garanties historiques sont pour l'œuvre de Jésus-Christ.

Je lisais hier dans un *bulozophe* penseur, un peu italien, je crois, que « l'Église est l'une des plus puissantes institutions que présente l'histoire. » Cet aveu m'a fait plaisir. Le bulozophe ajoutait, en son français bulozophique : « Aucune religion ne possède
« un symbolisme plus riche et plus varié que le
« catholicisme, aucun culte n'a fait à l'art et au sen-
« timent du beau une plus large part que celui de
« l'Église romaine. » Voilà ce que je ne dirais pas de la *Revue des Deux Mondes!* Le bulozophe achève, et moi, j'ai mis sa phrase sur mes calepins; écoutez bien, Coquelet.

« L'Église a poursuivi pendant seize cents ans
« (pourquoi pas dix-huit?) un idéal, qui est le
« plus grand que puisse se proposer une institution
« *humaine :* elle a voulu enfermer la vie dans les pro-

« fondeurs de sa doctrine, et satisfaire à la fois et
« toujours aux besoins éternels de l'âme et à ceux
« de la raison. Elle n'a pu réussir, mais si l'Église a
« été vaincue enfin par le libre examen et la pensée
« humaine, elle a laissé dans l'histoire du monde
« une trace indélébile de sa grandeur et de sa puis-
« sante vitalité. »

Mon bon Coquelet, cela est écrit pour vous, et même cela semble écrit par vous. Ne croyez-vous pas vous entendre? Et en vous entendant de cette manière, ne sentez-vous pas en vous-même quelque chose qui vous réfute et qui réclame du jour? Croyez-vous pouvoir rester un de ces penseurs qui s'expliquent l'Église comme institution *humaine*, se donnant ainsi plus de miracles à porter que n'en propose la foi? Votre conscience s'enchaînera-t-elle dans la compagnie de ces sages, qui trouvent et qui veulent un désaccord entre « les besoins *éternels de l'âme* et ceux de la raison, » et qui demandent qu'on les serve à part?

Si vous prenez votre parti de vous attarder dans cette vieille taverne de Babel, où les docteurs n'entendent pas leur propre pathos et ne se rendent pas compte eux-mêmes de leur propre incrédulité, tant pis pour vous! mais je ne crains pas d'y voir demeurer le genre humain. Le genre humain est devenu bien pauvre garçon; néanmoins il passera outre, parce qu'il a quelque chose à faire qu'il ne peut pas faire là, et son ivresse même l'emportera ailleurs;

et il lui sera imposé des besognes qui le dégriseront.

Déjà plus d'une fois il s'est saoulé de ces misérables breuvages, et déjà plus d'une fois il les a vomis. Comme les tavernes de la fausse science sont nombreuses dans Paris, elles ont été nombreuses dans Athènes et dans Rome; le genre humain s'y est laissé prendre, il s'y est endormi, il s'est réveillé. Il a même cassé les vitres, et les hôteliers ont cessé leur commerce, les uns de bon gré, les autres par autorité de police; la police qui envoie les légions que vous savez. Nous reverrons cela.

Ce qui fait la force de l'Église, et comme dit le bulozophe, « sa puissante vitalité, » ce n'est pas seulement ce que le bulozophe ne voit point, ni encore ce qu'il voit, c'est aussi ce qu'il voit mal. Il voit un culte, j'emprunte ses expressions, dont rien n'égale la *variété*, la *pompe*, la *profondeur*. Ce culte sait *traduire, même aux yeux, par des rites magnifiques*, tous l*es mystères de son dogme* : il sait donc les rendre a*cc*essibles à toute intelligence. Ce culte sait *exprimer dans une langue sublime les états les plus changeants et les dispositions les plus diverses de l'âme* : donc il satisfait l'âme, toute âme, comme il satisfait l'esprit, tout esprit. Ce culte fait à l'art et au sentiment du beau une part *qu'ils n'ont reçue d'aucune autre religion* : donc, comme il a contenté isolément l'esprit et l'âme, il les contente et les comble dans leur union et leur harmonie.

Tel a été ce culte, depuis dix-huit cents ans ; car le bulozophe a beau n'en mettre que seize : l'Église catholique, que nous faisons remonter au premier homme et plus haut, commence au moins pour les bulozophes avec les Actes des Apôtres. Tel a été ce culte, tel il est encore. Pour traverser cette série de siècles, il a passé par où nous savons, il a rencontré les ennemis que nous connaissons et dont nous lisons ici les monuments : et le bulozophe ne voit pas que ce culte est divin, et il appelle l'Église une institution *humaine*, et il imagine que le genre humain le croira parce que le bon Buloz le croit; et il se flatte que ce culte sera mort parce que Buloz l'aura dit à ses abonnés et que les abonnés de Buloz le croiront !

Mort de quoi? Pourquoi mort? On a fait une mixture nouvelle des ingrédients fournis dans le cours des siècles par Héliogabale, par Porphyre, par Julien, par Arius, par Mahomet, par Luther : tout cela est entré très-bien dans la tête du bon Buloz, et de là se répand sur le genre humain : c'est incommode, déplorable et dangereux, mais je sens parfaitement que cela n'a pas noyé le christianisme en moi, ni en vous, ni en Buloz. Cette inondation de bulozophie passera comme ont passé tous les fâcheux courants dont elle est formée, et les personnages qu'elle charrie resteront à sec, monuments du déluge, monuments de la victoire et de la clémence de Dieu.

Si l'Église n'est pas de Dieu, expliquez son établissement et sa durée. Si elle est de Dieu, croyez comme vous pourrez à sa chute. Allez-vous nous faire et à vous-même l'injure de nous proposer un dieu nouveau, qui a fait une chose et qui se ravise, qui, ayant mal pris ses mesures, va construire un autre édifice sur d'autres fondements? Quelques bulozophes ont bien cette impertinence. Ils prêtent à rire. Nous connaissons leurs Moïses et leurs Josués : nous savons dans quel cabaret ils vont boire.

Ceux-là ne créeront jamais de rites qui rendent compte de leurs dogmes, bien que leurs dogmes ne soient point profonds ; ils n'exposeront pas dans une langue sublime les états les plus changeants et les dispositions les plus diverses de l'âme ; ils ne feront pas une part satisfaisante au sentiment du beau ; ils ne créeront pas une des plus puissantes institutions que présente l'histoire ; ils ne soutiendront pas « seize cents ans » l'idéal glorieux d'enfermer la vie dans les profondeurs de leur doctrine, et de satisfaire à la fois et toujours aux besoins éternels de l'âme et à ceux de la raison — servis à part!

Ce qui a été de Dieu une fois est de Dieu toujours. Ce qui pendant dix-huit cents ans, à travers la mobilité perpétuelle de l'homme et de la vie, a été la vérité, est à jamais la vérité. Pour faire un autre culte, ou que la société se soutînt sans aucun culte, ce n'est pas l'institution catholique que Dieu — ou

Buloz — devrait changer, c'est l'homme lui-même. L'homme, Adam, voilà, Coquelet, la raison et la force de l'Église. L'Église est une institution humaine juste au même titre et de la même manière que l'humanité. Si le bulozophe disait que l'Église est l'*Institution humaine*, il pourrait soutenir son dire. Vous comme moi, Buloz comme nous, nous avons besoin de Dieu, nous engendrerons des fils qui auront besoin de Dieu : et nous irons à l'Église malgré nous, et nos enfants iront avant nous malgré nous, ou après nous malgré eux-mêmes, parce que l'Église est instituée de Dieu, afin de donner Dieu à l'homme, lequel est formé de Dieu pour chercher Dieu.

C'est cette pente maîtresse de l'homme, c'est ce besoin intime, invincible, insatiable, c'est ce miracle de nature, cette contradiction fondamentale et victorieuse de tant d'autres penchants, qui explique la « puissante vitalité » de l'Église, et qui sert comme de lumière naturelle pour nous faire comprendre et toucher le miracle de l'établissement et de la durée de l'*Institution*. L'homme a besoin de Dieu, il veut posséder Dieu, l'Église lui donne Dieu; telle est l'institution humaine, par la volonté de Dieu. Nous savons cela, nous autres catholiques, et parce que nous le savons, nous n'avons nul besoin de savoir autre chose. Nous pouvons combattre et nous combattons assez quand nous ne sommes rien ; nous pouvons mourir sans nous croire vaincus, et nous ne sommes pas vaincus : il y en a d'autres !

Il y en a d'autres, il y en aura tant qu'il faudra. Mais, après tout, il n'en faut pas tant. Voyez ces petits pelotons de petits soldats, dont la présence nous a jetés dans cet entretien. En somme, les voilà qui gardent très-bien Saint-Jean de Latran contre tous les fusils garibaldiens, contre tous les poignards mazziniens et, ce qui est fort, contre tous les dires bulozophiques et haviniens. Je vous avoue que cela me semble merveilleux. — Appelez-vous donc ceci une force, dit Coquelet, et la croyez-vous sûre ?

— C'est la force nécessaire pour aujourd'hui, suffisante pour aujourd'hui, d'autant plus sûre qu'elle est plus médiocre et plus inexplicable. — Et si elle se retire pourtant, et qu'enfin une autre ne vienne pas ? — Que voulez-vous que nous y fassions, mon ami ? Dieu trouvera bon que ce qu'il empêche actuellement de passer, passe alors, et fasse son œuvre. J'entends l'œuvre de Dieu, les hommes n'en font pas d'autre. L'heure des écroulements sera venue, l'heure des reconstructions viendra. Nous regarderons, nous attendrons, nous prierons. Parce que quelques bandits pilleront une sacristie et quelques vandales abattront un édifice, croirai-je que les bandits emportent Dieu dans leur repaire, et que les vandales, qui ont tant rebâti, ne seront plus jamais tentés de rebâtir ?

Vous et moi, mon cher ami, nous ignorons beaucoup de choses; mais nous n'ignorons rien tant que la chose que Dieu fait aujourd'hui. Nous l'ignorons même quand il y emploie nos mains. L'histoire n'est pas visible dans le moment qu'elle se fait, ni connue alors de ceux qui la font. Il y a dans le passé des éléments ignorés qu'on ne peut exclure du présent; le présent est plein de germes ignorés qu'on ne peut exclure de l'avenir. Dieu sait tout, dispose de tout, dirige tout en maître; et l'homme reste impuissant devant les suites de son œuvre propre, avec la responsabilité d'avoir voulu le mal ou le mérite d'avoir voulu le bien.

Or, ces choses qui sont si peu dans la main de l'homme au moment que l'homme y travaille, et qui n'y sont plus du tout dès qu'il les a terminées, que deviendront-elles dans la main de Dieu? Quelle issue leur donnera la toute-puissance? Une issue que nous ne devons pas redouter, et que d'une certaine façon nous pouvons prévoir. L'avenir ne nous est pas caché comme le présent. Les *désirs des méchants périront*, voilà l'avenir; — et nous ne sommes pas les méchants.

VIII

LE PAPE ET LE MONDE.

Où en était le monde avant le Pape? — Pourquoi et à quel titre le Pape est-il venu dans le monde? — Quelles ont été les œuvres du Pape au milieu du monde? — Comment le monde s'est-il séparé du Pape? — Que sera le monde sans le Pape? — Le Pape ressaisira-t-il le monde?

A ces questions déjà l'histoire a répondu. Néanmoins, le grand nombre de ceux qui les agitent, et surtout de ceux qui prétendent les résoudre, ni n'en connaissent la simplicité, ni n'en mesurent la profondeur. Signe effrayant de décadence, annonce de longues calamités.

Ce qu'était le monde avant le Pape? L'ignorance commence là. L'histoire n'est un enseignement que sur les lèvres de la foi.

Le monde avant le Pape, c'était l'empire de Néron. Comprend-on cela? comprend-on cette humanité divisée en bêtes de somme et en bêtes de proie, la partie dévorante sans remords, la partie dévorée sans révolte, et toute société s'acheminant à une destruction également certaine, ou par la guerre, ou par la paix? Pour le comprendre, il faut savoir que le genre humain, lié par la faute, ne pouvait secouer la tyrannie du prince des ténèbres, celui qui fut homicide dès le commencement.

Alors, le troupeau étant à bout de voie, la miséricorde divine lui envoya un pasteur, une main pour le délier, une lumière pour l'introduire et le conduire dans le chemin qui mène à Dieu.

La vérité manquait au monde. Pilate avait dit le dernier mot de la science et de la sagesse des maîtres de la terre : *Quid est veritas?* Ils ne croyaient même plus qu'il y eût une vérité! — *Pourquoi le Pape venait-il dans le monde?* Il y venait enseigner indéfectiblement la vérité.

De nobles esprits, chrétiens même, mais enveloppés d'une erreur originelle, publient que l'homme est fait pour chercher librement la vérité. Le monde païen avait cherché la vérité dans toutes les traditions et dans tous les rêves; plein de dégoût, il renonçait à la trouver : *Quid est veritas?* Pilate crucifiait l'innocent pour s'épargner une difficulté. On craignait une difficulté; on ne craignait de remords que celui d'avoir manqué la fortune.

Nous sommes faits pour connaître la vérité. Il est de la clémence et de la justice de Dieu de nous la donner, il est de notre devoir et de notre raison de la suivre et de prendre les jougs qu'elle impose. L'accepter, la communiquer, mourir pour elle : l'effort et l'honneur sont assez grands ainsi ; et, pour tenter l'effort et subir l'honneur, il nous est nécessaire de savoir que la vérité est de Dieu.

Donc, le Pape venait enseigner la vérité au monde pour la délivrance et le salut du monde. Mais *à quel titre?* A titre de représentant, de *vicaire* de Celui qui est la Vérité même : dans le ciel, Dieu, fils unique et éternel de Dieu, égal et consubstantiel à Dieu ; sur la terre, par un mystère ineffable, homme, fils d'Adam, chef et premier-né de la race humaine, doublement maître, doublement roi.

On a écrit de savants ouvrages sur l'origine du pouvoir temporel des Papes. Ce que prouvent le mieux les plus savants, c'est que ce pouvoir n'a pas commencé. Saint Pierre, le premier Pape, en était investi. Il exerça pleinement la plus haute attribution du principat civil, celle de juge suprême. La cause d'Ananie et Saphire n'était pas une cause purement spirituelle, et ces coupables furent non-seulement retranchés de l'Église, mais exclus de la vie. Les chrétiens, donc, avaient en saint Pierre un pontife et un roi. Au milieu de la société païenne, dont ils observaient d'ailleurs les lois politiques, ils achetaient par le martyre le droit d'obéir à ce chef véritable qu'ils tenaient de Jésus-Christ. Mais l'antiquité du pouvoir temporel remonte plus haut.

Jesus Christus, primogenitus mortuorum et princeps regum terræ, qui dilexit nos et lavit nos a peccatis nostris ex sanguine suo. C'est en lui, le premier-né, le prince des rois de la terre et le vainqueur du péché, que le pouvoir temporel de la Papauté prend son origine.

Le premier chapitre du premier Évangile est la généalogie de Notre-Seigneur, base de ses droits comme Fils de l'homme. Zorobabel, aîné d'Adam au 53e degré et de David au 20e, fut à la fois l'ancêtre paternel de Joseph par Abiud, et celui de Marie par Reza. Lorsque Joseph épousa sa parente Marie, ces deux époux étaient les seuls rejetons des deux branches de la famille royale. Et les vicissitudes politiques vinrent alors, de la part de Dieu, fermer le livre des généalogies, jusqu'à ce moment tenu avec tant de soin dans tout Israël.

Jésus-Christ prend le nom de Fils de l'homme, parce qu'il est l'aîné des enfants d'Adam, le chef de la race humaine, l'héritier de l'autorité et du pouvoir du Père sur la famille; il prend le titre de roi, parce qu'il est le roi naturel de toutes les nations. Roi et prêtre éternel.

Ses droits ont été délégués à Pierre, et mille fois,

durant des siècles, le genre humain a solennellement proclamé et reconnu cette délégation. Encore aujourd'hui, deux cents millions d'hommes répètent que Pierre, le vicaire de Jésus-Christ, est le chef de la famille humaine.

En constatant sa royauté et son haut domaine sur cette terre, dont il est le créateur, Dieu n'a voulu s'y réserver en propre qu'un petit espace, comme il n'exigeait pour offrandes qu'une figure des biens qu'il lui fait produire en abondance, et pour prêtres qu'un faible nombre des hommes qu'il y nourrit.

Mais, pour sa part, il a choisi Rome, parce que Rome était la cité reine, la forteresse de l'ennemi. Il l'a donnée à Pierre, non pour y régner tout de suite en paix, mais pour la vaincre, la conquérir et s'y maintenir par le plus extraordinaire et le plus prolongé des miracles. Le voyage d'Israël dans le désert n'était qu'une image abrégée des travaux que le nouveau Moïse et le nouveau peuple auraient à soutenir pour entrer dans la nouvelle terre promise. De saint Pierre à saint Sylvestre, de saint Sylvestre à saint Grégoire le Grand, de saint Grégoire le Grand à saint Adrien Ier, de Néron à Charlemagne, — étapes formidables! — chaque jour est marqué par des prodiges.

Mais le miracle n'est pas la loi permanente de ce

monde. Par le miracle même, Dieu ramène tout à l'ordre commun. Les merveilles de l'Exode cessèrent lorsque le Temple fut bâti et la Loi gravée dans les cœurs. Après trois siècles de martyre, huit siècles de rudes combats ; après avoir vu passer les empereurs de Rome, et ceux de Byzance, et les Barbares ; après que Rome eût été vidée plusieurs fois par le feu, par le fer, par la famine, plusieurs fois ruinée, démolie, et plusieurs fois rebâtie de la main de ses pontifes, le grand ouvrage reçut sa perfection matérielle d'un héros suscité pour être la noble image du prince selon le cœur de Dieu. Le nouveau genre humain, élevé par les Papes, a mérité Charlemagne, comme le genre humain formé ou plutôt déformé par le paganisme avait mérité Néron. L'Autorité remplace la tyrannie ; les rois reçoivent de l'Église une charte des droits de Dieu, qui sont les vrais droits de l'homme, et l'on voit sur la terre cette double et incomparable merveille : à Rome, un royaume de l'Esprit, établi par les seules conquêtes de l'esprit et dont les fondateurs n'ont versé d'autre sang que celui de leurs veines ; dans l'Occident, un nouvel empire dont le chef se proclame le dévot auxiliaire du Roi paternel des âmes, qui a pour mission de conduire les hommes à Dieu dans les voies de la justice et de la paix.

Et si maintenant l'on demande *quelles ont été les œuvres du Pape dans le monde*, je viens de le dire. Déjà, en huit siècles, il avait mis Charlemagne à la place de Néron. Depuis dix siècles, il a empêché la tyrannie de ressaisir l'empire. On serait embarrassé de désigner la chose évidemment bonne, l'œuvre de bien, d'accroissement et de salut que les Papes n'ont pas proposée, protégée, accomplie. Considérons un moment ce seul fait, l'institution et le maintien de l'Autorité.

C'est en l'an 58 ou 59 de Notre-Seigneur, sous Néron, que saint Paul, écrivant aux Fidèles qui habitaient Rome, leur recommande d'obéir aux princes. Les juifs récemment baptisés, attendant toujours un peu le Messie de la synagogue, étaient enclins à la rébellion, et cet esprit pouvait gagner les autres fidèles. Avec une prescience divine, en présence et sous le coup des délires de la tyrannie, le christianisme fondait la notion de l'Autorité. L'Église acceptait ces maîtres de chair qu'élevaient tour à tour la sédition, le parjure, la vénalité, l'assassinat. Elle n'en faisait aucun, n'en contestait aucun, n'en adorait ni n'en pleurait aucun. Elle commandait d'obéir à l'Empereur, elle défendait de l'adorer. C'était assez respecter le droit de la puissance, et assez enraciner la future liberté. Un jour les tyrans tomberaient comme les dieux, et le vrai Dieu ferait de vrais rois. Lors donc que l'Empereur demandait l'impôt, on lui donnait l'impôt; lorsqu'il demandait le service, on lui donnait le service; lorsqu'il demandait l'encens, on lui disait : « Il vaut mieux obéir à Dieu qu'aux hommes; tu peux tuer le corps, nous craignons ce qui tuerait l'âme. » Et la tyrannie tuait, et s'étonnait de trouver toujours en face d'elle des âmes, et de voir que c'était elle-même qui périssait.

Lorsque l'Église eut sacré les princes, alors commença l'attachement pour le sang royal. Une dynastie chrétienne, c'était un grand instrument de salut et une grande garantie de tous les droits. Le Roi était le protecteur armé de la justice et de l'Église, le gardien de l'unité des esprits, le défenseur des opprimés, l'appui des faibles, enfin l'évêque du dehors, engagé par les serments les plus saints à observer les lois divines. S'il se parjurait, le peuple n'était pas sans recours. Il y avait un magistrat, un juge pacifique, mais puissant sur la conscience humaine, parce que jamais juge ne fut plus légitime, n'eut de plus solennelles obligations envers la justice, ne fut plus étroitement tenu d'être prudent et droit. Ce juge marquait au Roi la borne qu'il ne pouvait franchir. Des rois ainsi institués et surveillés, était-ce la même chose que les Caracalla, les Domitien, les Dèce, les Maxence, ou les successeurs si promptement dégénérés de Constantin? A propos de Charlemagne, on a vu quels étaient les devoirs acceptés et reconnus de la royauté carlovingienne. L'histoire n'a pas de fanal qui montre mieux ce que le Pape a fait dans le monde.

On reproche à l'Église tantôt son attachement, tantôt son indifférence pour les rois et pour les dynasties. L'Église a eu les sentiments qu'elle devait avoir, selon le caractère des pouvoirs sous lesquels elle a vécu. La puissance moderne n'est plus son œuvre. En présence de cette force dédaigneuse qui la reconnaît à peine comme un fait, qui l'assimile aux autres institutions religieuses, qui lui jette comme aux autres du pain et des injonctions de prier et d'obéir, l'Église reprend son indifférence. Elle obéit lorsqu'elle doit obéir, enseigne et prescrit l'obéissance due, refuse ce qu'elle doit refuser, réclame ce qui lui appartient, et adore d'avance les desseins de Dieu. La puissance redevient un fait, et un fait que Dieu a voulu : *Omnis anima potestatibus sublimioribus subdita est : non enim potestas nisi a Deo; quæ autem sunt, a Deo ordinatæ sunt.* L'Église ne change rien au texte de saint Paul et ne l'interprétera pas autrement que toujours. Le fait passe, le fait l'écrase; elle regarde passer, elle se laisse écraser. En l'écrasant il passe, et elle est immortelle. Ni la notion de l'autorité, ni la notion de la liberté ne périront dans les mains de l'Église.

Cependant *le monde s'est séparé du Pape!* Est-ce bien vrai? Cela se dit de toutes parts, et de toutes parts la ruse, le mensonge, la violence s'emploient frénétiquement pour ôter à la Papauté ce monde qui, dit-on, s'est détaché d'elle. Dans un siècle si funeste aux couronnes, cette couronne tient étrangement sur ce front insulté. Pour l'arracher, les moyens ordinaires ne suffisent pas. Quand les rois sont retranchés (nous savons par qui) de la communion des peuples, aussitôt les armées se dissolvent, les administrations trahissent, les barons pactisent et livrent les forteresses; il ne reste de fidèle que le clergé, que l'on emprisonne, et le peuple, que l'on tue; enfin, le souverain excommunié est déposé « légalement » par le suffrage universel de ce peuple qui meurt pour lui. Tel est le caractère de l'époque. Et le Pape, plus excommunié que tout autre souverain, demeure dans sa ville et sur son trône.

On objecte qu'une main puissante le soutient. Pourquoi cette main puissante le soutient-elle? Apparemment parce que le monde n'est pas détaché de lui. Observons que dans tous les périls de la Papauté, il s'est toujours trouvé un bras puissant pour une intervention dont la politique n'a pas toujours très-bien rendu compte, sinon que l'opinion restait au Pape. Cette opinion si savamment travaillée contre le Pape, cette opinion qui ne parle pas, qui remue à peine quelques généreuses faiblesses, voici qu'elle est aujourd'hui comme toujours pour le Pape une force avec qui la force doit compter! Toutes les fois que la Papauté est menacée, le monde en même temps entre dans la voie des catastrophes et retombe sous la loi du miracle.

Mais regardons en face l'ennemi. Oui, le monde,

la partie active et bruyante du monde, s'est séparée du Pape. La politique, la science, l'art, le vaudeville, la taverne parlent contre la Papauté. Ils disent qu'elle n'a pas su marcher avec l'esprit moderne. Devant cette raison s'inclinent beaucoup de ceux qui trouvent que l'esprit moderne s'égare. Mais cette raison glorifie la Papauté.

La Papauté n'a pas su marcher avec l'esprit moderne, très-vieil esprit, parce qu'elle ne sait pas marcher dans l'erreur. L'Église n'est pas sur la terre pour recevoir l'impulsion de l'esprit de l'homme, mais, au contraire, pour régler et diriger la marche de l'esprit de l'homme suivant les enseignements stables de l'esprit de Dieu. La grande misère de nos jours, c'est l'affaiblissement intellectuel et moral des catholiques qui laissent dire que l'Église a failli en se séparant de l'esprit moderne, comme si quelque vérité catholique était devenue erreur, ou qu'une erreur autrefois définie fût devenue vérité! Dieu est l'unique vérité, et l'Église catholique est l'unique Église de Dieu. Elle a proclamé toute la vérité en face de toutes les oppositions. Notre-Seigneur avait prévu que son Évangile serait une pierre d'achoppement pour plusieurs. Dès saint Paul on commençait à n'y trouver que folie, et chaque siècle, chaque génération a voulu en ôter quelque chose. « Néanmoins, dit le Père Faber, Dieu n'a pas jugé à propos de donner une nouvelle loi à chaque siècle et à chaque génération; il n'a pas voulu faire cet honneur à ces cohues triviales qui se pavanent dans l'histoire sous le nom d'esprit moderne. »

———

Les mêmes hommes qui demandent avec un accent de secret triomphe comment le monde s'est détaché du Pape, avouent aussi avec une terreur mal déguisée que le monde s'est en même temps détaché de l'autorité, et l'on voit assez qu'ils n'y savent pas de remède. Cependant l'autorité politique n'a pas fait comme la Papauté; elle a marché avec l'esprit moderne. C'est elle qui, lorsque le libre examen fut proclamé, autorisa ses investigations qui se pratiquaient la torche au poing. Elle en a recueilli les fruits : ils ont été amers pour elle et pour le monde, ils allument d'étranges fièvres! Dans la fumée des incendies on verra vaciller la civilisation et, selon toute apparence, les derniers apôtres du libre examen, héritiers de ses conquêtes, administreront de formidables narcotiques à l'esprit humain.

Ce sera le *monde sans le Pape*, situation assez comparable à celle du monde avant le Pape, lorsqu'un représentant de cette fière société romaine, que ses lumières, ses magnificences et ses triomphes avaient contrainte à se réfugier sous la dictature de Néron, disait superbement : Qu'est-ce que la vérité? et, sans attendre la réponse, versait le sang du juste. Aujourd'hui cette conséquence peut paraître extrême. Il y a encore trop d'esprit chrétien dans les peuples, et sur les trônes trop de reflets de l'ancienne royauté chrétienne. Mais attendez que ce reste s'évapore au souffle des histrions : le mépris de l'espèce humaine rouvrira le cirque.

Le monde sans le Pape, est-ce à dire que la Papauté disparaîtra complétement ? Non. Quand le Pape s'en ira, en d'autres termes quand le christianisme s'en ira, il n'emportera pas la civilisation seulement, il emportera le genre humain. L'humanité ne connaissant plus Jésus-Christ, ne lui donnant plus ni saints ni martyrs, ni sacrifices ni prières, n'aurait plus de raison d'être.

De bons esprits inclinent à penser que nous ne sommes pas loin de là, que nous touchons aux derniers temps, que le monde s'achemine rapidement vers cette apostasie totale où la tyrannie sera telle et la séduction si redoutable, que le Fils de l'Homme devra en abréger la durée pour trouver encore de la foi sur la terre. On remarque plusieurs des signes annoncés. Les chrétiens aiment les hérésies, les méchants foulent le clergé et la justice, les esprits sont trèsbas, les cœurs plus bas, et le monde, rapetissé en tous sens, pourra bientôt tenir dans une seule main. Sous cette main de fer présente partout, où l'Église trouverait-elle un refuge ? Où seront les catacombes ?

Mais ces circonstances sont locales, et la plupart de tous les temps. Il faudrait savoir ce que nous avons encore de christianisme dans les veines; il faudrait savoir surtout ce que pèse aux balances divines une seule goutte de sang répandu pour la vérité. La force qui s'organise, irrésistible d'une certaine façon, sera en même temps bien fragile, perpétuellement menacée d'apoplexie. Il y a chance qu'elle périsse soudain, précipitant tout dans une anarchie violente et destructive.

Il répugne de croire que l'histoire évangélique est à sa fin, et que cette arrière-lignée de Luther, dont le christianisme subit aujourd'hui les méfaits, arrachera le roc posé des mains du Christ. Je ne crois pas que Dieu veuille humilier à ce point la raison humaine. Nous n'avons pas besoin de cet affront pour savoir le peu que nous sommes, et quels misérables ennemis nous peuvent détruire. Ceux-ci seraient pires que le moucheron et l'abjecte sauterelle, fléaux muets du moins!

Attendons le châtiment, non la mort. Toutes les transgressions seront vengées, toutes les ingratitudes punies; le monde, ses erreurs au cou, baigné de sueur, de sang, de larmes, passera par d'épaisses ténèbres, implorant la lumière, l'autorité et la liberté. Et c'est dans cette épreuve dont ses gémissements demanderont à Dieu d'abréger le cours, que le Pape *ressaisira le monde*, ou plutôt que le monde ressaisira Dieu. Alors l'inépuisable fécondité de l'Église se manifestera : de ses vieilles vérités écloront des forces et des merveilles nouvelles, et elle poursuivra son œuvre, qui est de mettre Jésus-Christ en possession de toute la terre, et toute la terre en possession de Jésus-Christ.

Telles sont les pensées de Rome. La polémique contre le gouvernement pontifical est basse, rapetissée, honteuse pour l'esprit public : tâchons de ne la pas laisser à ce misérable niveau. Tâchons d'amener nos adversaires à regarder la question du vrai point de vue, sous son vrai jour. Disons-leur bien qu'ils veulent détruire une œuvre de Dieu et la plus nécessaire au monde. Rome est le royaume propre de Jésus-Christ, la part qu'il s'est réservée sur la terre dans le miséricordieux dessein d'y établir la source de la vie intellectuelle et surnaturelle.

On a toujours vu dans le monde un parti pour refuser ce bienfait ; et plus d'une fois ce parti s'est trouvé si puissant qu'il semblait être le monde entier. Néanmoins, depuis dix-huit siècles, la force des choses a invinciblement plié le monde devant ce droit de domaine et d'habitation parmi les hommes que daigne se réserver la clémence du Christ.

D'où vient cette *force des choses*, qui maintient la Papauté contre des conjurations si fréquentes, si formidables, si générales? L'heure est bonne pour apprendre l'histoire de l'Église, c'est-à-dire l'histoire de Dieu présent et vivant sur la terre. Si les hommes qui croient aimer sincèrement la liberté voulaient se donner à cette étude, considérer de près, tels que l'Église les expose, ces droits de Dieu auxquels leur aveuglement prétend opposer les droits de l'homme, ils verraient que les droits de l'homme n'ont de définition et de sauvegarde que dans les droits de Dieu. Que le vicaire du Fils de l'Homme cesse de tenir le Capitole, en vain l'insurgé de 1789 aura pris la Bastille !

Droits de l'homme, liberté humaine, existence distincte des nations, autant de pensées du Christ, voulues et accomplies par sa seule Église. Avant le Christ, l'état normal des sociétés était l'esclavage; le droit normal, le droit du plus fort pour imposer l'esclavage; la politique normale, la conquête, pour vendre ou pour tuer les vaincus. *Humanum paucis vivit genus.* Un orateur chrétien disait : « La liberté est une invention chrétienne : elle suit le Christ où il va, elle disparaît d'où il se retire. » Les peuples que le Christ n'a pas visités sont assis à l'ombre de la mort; ceux qui l'ayant reçu l'ont banni, voient remonter les ténèbres : leur tête paraît encore lumineuse et libre, déjà les membres sont engloutis et engourdis. Dans ses Indes dorées par le soleil, dans les mines qu'elle appelle ses *Indes noires*, dans les vertes richesses de l'Irlande, regardez les sujets de cette grande Angleterre, si fière d'avoir subjugué sous ses propres lois la loi du Christ : *Humanum paucis vivit genus!* Quel est et que devient le droit de l'homme sous des maîtres qui méprisent le droit du Christ? Dieu, dit saint Augustin, ne commande rien pour sa propre utilité, il commande tout pour l'utilité de ceux à qui il commande. Il s'agit de savoir si ce maître sera remplacé par les dominateurs dont sa miséricorde avait brisé l'empire, et si c'est l'avantage du genre humain que le Capitole soit relevé au-dessus du Calvaire.

Sans doute, demander aux adversaires de Jésus-Christ, de l'Église, de la Papauté, leur demander d'étudier un peu, c'est leur demander beaucoup, et plus que le grand nombre d'entre eux ne veulent ou ne peuvent faire. Mais dussent-ils tous abjurer toute raison pour servir la passion qui les emporte, nous, du moins, nous aurons consolé et affermi la foi des chrétiens, laquelle est un grand élément de la force des choses.

Dieu a fait aux chrétiens d'immenses priviléges : ce n'est pas le moindre d'être au courant de la scène de ce monde, d'en comprendre les péripéties, d'y démêler l'action de la main divine, et de pouvoir ainsi s'affermir dans l'amour de la justice et de la vérité, au milieu de ces terribles passages du mal qui font partout ailleurs fléchir la conscience et jusqu'à la raison. Il y a des désastres horribles à contempler; l'âme y succomberait et se laisserait entraîner dans l'un des deux abîmes que creusent inévitablement les grandes catastrophes sociales : celui du désespoir, ou celui des avilissements. Éclairée sur l'œuvre de Dieu, l'âme du chrétien ne voit plus le mal établir son règne, mais la justice exercer le sien; et elle peut porter le poids d'un monde qui croule.

LIVRE VI

ROMA VEDUTA, FEDE PERDUTA.

I

LE BOURGEOIS.

Roma *veduta, fede perduta*, j'ai vu Rome et j'ai perdu la foi. Ainsi disent, d'un ton d'oracle, quantité d'honnêtes gens qui n'ont guère connu Rome, et pas du tout connu la foi.

Ce dicton est de ceux qui courent le monde pour servir de poids à l'ignorance et de brillant à la sottise. Nos honnêtes gens l'ont attrapé. Que leur faut-il davantage?

Ils ont vu Rome, leur passe-port l'atteste, et même ils parlent italien; les voilà donc bien établis dans une incrédulité raisonnée, mais surtout raisonnante: *Roma veduta, fede perduta.*

Ils se plaignent de la douane, des mendiants, des auberges, des facchini, des vetturini, des ciceroni: ne les connaissent-ils pas? Pour le reste, ils savent cent histoires, apprises aux meilleures sources.

Comment conserver la foi quand on a vu les carrosses des cardinaux, les sandales des capucins, les *monsignori* au spectacle, et les prédicateurs qui déclament sur une estrade, avec des gestes exagérés?

Quant aux études qui sont nécessaires pour perdre la foi, j'ai suivi de près deux étudiants, deux barbes grises. Il y a un âge qui n'est plus excusable et n'est pas respectable. C'est proprement l'âge du bourgeois.

L'un était lecteur du *Constitutionnel*, l'autre paroissien de Saint-Louis d'Antin. Ils passaient leur temps à bâiller parmi les ruines, les musées et les églises, pressés d'en avaler le plus possible en un jour.

Ils se scandalisaient de tout, et la piété du peuple avait le don de les choquer particulièrement. Pour l'incrédule, cette piété n'était que du fanatisme; pour le paroissien de Saint-Louis, c'était de la superstition.

Ils réclamaient contre la multitude des madones et contre la rareté des réverbères. Mais sur les choses de la religion, le plus furieux n'était pas l'incrédule ; c'était le paroissien.

Lorsqu'il nous voyait baiser la main d'un prêtre, cette main qui porte et distribue le corps de Jésus-Christ, il ne pouvait contenir sa mauvaise humeur. Nous avilissions la France, disait-il.

Les prêtres romains ne lui semblaient pas assez roides ; des prêtres sans rabat ! Les offices étaient trop courts. Il blâmait la pompe des cérémonies pontificales et la simplicité des cérémonies ordinaires.

Dans Saint-Pierre, il regrettait son prie-Dieu de velours jaune. Il lui déplaisait de s'agenouiller sur le pavé. En général, il trouvait qu'à Rome on fait trop pour le bon Dieu, et pas assez pour le paroissien.

Au Colisée, harangue en forme contre le clergé romain : Au lieu d'une croix de bois, ne faudrait-il pas là une belle croix en fonte dorée ! Ah ! ce clergé romain, que fait-il donc de ses immenses richesses ?

Le paroissien contestait partout l'authenticité des reliques. Lui parlait-on d'un miracle, il prenait la fièvre. Enfin, fatigué de nous répéter : *Rationabile obsequium vestrum*,

Il donna tout l'honneur de sa compagnie à l'incrédule. L'un et l'autre s'accrochèrent à ce qu'ils purent trouver de commis voyageurs, d'Anglais, de mauvais drôles italiens, désœuvrés comme eux.

Chaque soir, à l'auberge, ils nous racontaient cent platitudes sur la société romaine. C'était leur butin du jour. Au bout du mois, mes deux hommes avaient vu Rome et perdu la foi.

Le sot de France, politique, religieux et littéraire, transporté sur cet auguste théâtre de Rome, y acquiert un fini où le sot d'aucune autre contrée ne peut prétendre.

———

J'ai peint la plus douce espèce de sot. Il y en a d'autres, il y en a de pires, il y en a de perverses, d'infâmes, de monstrueuses.

Ce pauvre Blanchard, l'incrédule, je crois le voir encore. C'était un bon homme. Il avait une jeune femme qu'il appelait Minette et qu'il promenait en Italie pour l'amuser.

La digne créature ne s'amusait pas du tout. Cela lui donnait le torticolis de regarder les plafonds; elle avait peur dans ces grandes églises. Elle disait à son mari : « Blanchard !

« Quel plaisir peut-on prendre à voir des ruines ?

C'est triste, et ça peut tomber sur nous; il y a toutes sortes de bêtes dedans. »

Blanchard répondait : « C'est beau, parce que c'est antique. Lorsque nous serons de retour, nous serons contents de pouvoir dire que nous l'avons vu. »

Elle reprenait : « Ces pays sont trop chauds. Tu pourrais tomber malade et mourir. Comme ça serait embarrassant pour moi! Allons-nous-en. »

Blanchard répondait : « Il est en effet singulier qu'on se dérange pour tout cela, et la chaleur est bien incommode. Mais nous pourrons toujours dire que nous l'avons vu. »

Ils s'en allèrent enfin, pleins d'innocence, et ils vécurent heureux dans leur maison de Chignac, dont ils apprécièrent de plus en plus l'heureuse situation au centre de la ville.

En secret, Blanchard et Minette s'étaient livrés à quelques petites superstitions. Ils avaient reçu la bénédiction du Pape et baisé le pied de Saint-Pierre : « Cela ne peut pas faire de mal! »

Ils avaient emporté des médailles, des chapelets et un crucifix indulgencié pour la bonne mort. Tous ces objets dormirent dans leurs tiroirs assez longtemps.

Vint un catarrhe. Alors Blanchard lui-même dit à

Minette : Je ne serais pas fâché de voir M. le Curé. Minette reprit : Cela ne peut pas faire de mal.

Le catarrhe emporta Blanchard confessé. Madame veuve Blanchard passe avec raison pour une des bonnes chrétiennes de Chignac.

Quant au paroissien de Saint-Louis d'Antin, certainement il a retrouvé la foi sur son prie-Dieu de velours jaune.

Enfin, on ne peut pas exiger qu'un lecteur du *Constitutionnel* et un paroissien de Saint-Louis d'Antin voient Rome des mêmes yeux que Charlemagne.

II

LE SOT MUNICIPAL.

Le sot municipal est d'un genre plus irritant, sa sottise est plus tenace. Il n'a rien à dire contre les dogmes, il ne s'en occupe pas; mais il est près de conclure contre le catholicisme, par cette raison que Rome est selon lui mal bâtie, mal alignée, mal soignée.

« — Qu'est-ce que c'est, dit-il, que ce gouvernement des prêtres ! Une seule rue de Rome est pourvue de trottoirs, toutes sont mal balayées, plusieurs même ne le sont pas du tout. Je ne sais si l'on pourrait compter dans la ville trois places à peu près régulières. Point d'arrosage; un éclairage défectueux.

« Rome est de vingt ans en arrière. Il lui faudrait l'esprit de notre édilité parisienne, esprit de conservation et de progrès en même temps. On démolit tout, voilà le progrès; on ramasse les curiosités et on les met dans les musées, c'est la conservation.

« Ces monuments, ces précieux restes de l'antiquité, ne devraient-ils pas être chaussés d'asphalte, habillés de grilles, entourés de squares fleuris? Devrait-on balancer à faire cinq ou six larges rues coupant la ville en lignes droites, dans tous les sens? »

Si l'on objecte qu'il faudrait abattre des églises et passer sur des couvents : — « Des églises et des couvents, des terrains improductifs, reprend le sot municipal, il y en a trop, et c'est mal servir la religion que de l'ériger en obstacle aux embellissements de la ville.

« Par là on rend la religion détestable, puisqu'elle empêche tout progrès. Construisez des boutiques sur ce sol mort des églises et des couvents. Que le commerce puisse prendre ses aises dans la ville bien percée !

« Alors vous aurez du mouvement, des affaires, des fortunes. Rome, qui n'est qu'un lieu de curiosité, deviendra un centre d'industrie et de plaisir; les étrangers y afflueront de tous les lieux du monde, et le peuple bénira le gouvernement. » Exactement comme ailleurs.

Le sot municipal est intraitable. Il ne faut pas essayer de lui faire comprendre la beauté en dehors de la symétrie et de la ligne droite, ni la vie en dehors des larges rues pleines de fiacres et de poussière. Il veut des rues de Rivoli, des boulevards de Sébastopol; des boutiques, des boutiques.

Il emporte de Rome un mépris raisonné pour le gouvernement des prêtres, qui n'entend rien à l'alignement et à la boutique. Il y laisse un venin pernicieux. Il dit aux propriétaires qu'ils pourraient vendre dix francs le mètre ce qui ne trouve pas acquéreur aujourd'hui à dix sous.

C'est lui, c'est le sot municipal qui détruira Rome, qui mettra la pioche sur les monuments religieux, qui nivellera les sept collines, qui déplacera les obélisques, qui installera un café chantant dans le Colisée, où il plantera des bouleaux, des géraniums et des hortensias.

Il le fera par la folie des Romains eux-mêmes, gagnés à sa brutalité utilitaire et jardinière. Déjà plus d'un projet de grande rue trotte dans les bons esprits ; déjà le Forum s'enjolive : il se garnit de petits arbres ; ses ruines, installées au milieu de petits carrés, ont l'air d'avoir été apportées la veille pour se faire voir.

Qu'est devenu l'ancien *Campo Vaccino*, où les bestiaux paissaient parmi les fûts de colonnes, où les ronces fleurissaient sur le sol du temple de la Paix ? Qu'est devenu tout ce pittoresque qui donne tant de charme aux vieilles gravures de Rome, et que les artistes et le peuple goûtaient si bien ?

La sottise municipale a balayé, arraché, rangé. Rien n'est plus où le temps l'avait mis et tel que le temps l'avait fait. Ils ne seront contents que quand ils auront donné au Forum la physionomie d'un quartier du Palais de cristal. Alors ils y placeront des tourniquets, et l'on payera pour faire les frais de ces stupides embellissements.

III

LE SOT PAÏEN.

Au-dessus du sot municipal, il y a le sot païen. C'est l'homme de collége qui, par la plus étrange des aberrations, vient s'enflammer d'amour au spectacle même des choses qui devraient le remplir de haine, et s'enflammer de haine devant celles qui devraient le remplir d'amour.

L'Anglais Gibbon était de cette espèce. Un jour, Gibbon apporta dans Rome ce visage invraisemblable, cette fabuleuse laideur qui trompa le toucher de madame du Deffant aveugle, et lui fit croire qu'on se permettait envers elle une détestable plaisanterie. Il se rendit au Capitole, il contempla le Forum.

Des vaches paissaient sur les débris des rostres; parmi les débris de la maison d'Or de Néron, des pâtres chantaient; on entendait l'allégresse des hymnes sacrées retentir dans le temple de Jupiter transformé en église, et un joyeux son de cloche s'élevait du couvent bâti avec les débris du palais des Césars.

Quelques moines vinrent à passer, graves et pacifiques; ils foulaient de leurs sandales les débris de la voie Sacrée, voie des triomphateurs, voie des martyrs, et ils bénissaient en passant les pauvres femmes qui filaient leur quenouille et les enfants qui jouaient sous le péristyle du temple de Faustine en débris.

Certes, si jamais spectacle au monde a pu charmer les yeux et le cœur et la raison d'un homme, c'est celui-là! Ce spectacle de la défaite de Rome et de la liberté des nations, le genre humain l'a désiré mille ans.

Quoi ! la paix et l'allégresse de la prière catholique dans ces murs sanglants de la prison Mamertine, où la politique de Rome égorgeait les chefs des peuples vaincus; et une autre voix de la même prière sur les hauteurs qui portaient le trône des Césars ; et le lieu d'où la guerre était déclarée au monde entier, devenu un pâturage; et les autels d'une Faustine enfin abattus; et des pâtres tranquilles dans les délices de Néron !

C'est la victoire de la justice, la victoire de Dieu. Dieu a broyé cet infâme empire, et les nations sont nées, et la liberté a lui sur le monde. Si tant de millions d'hommes de toutes les races, que Rome a fait cruellement périr, avaient pu espérer seulement ce que nous voyons, ils seraient morts consolés.

Dieu en a donné la vue et l'espérance aux martyrs. Combien de ces héros qui, livrant leur vie pour la vérité de Jésus-Christ, devenaient avec lui les rédempteurs du monde; combien d'entre eux, passant sur la voie Sacrée pour aller au supplice, ont eu la vision du Forum ruiné, devenu le *Campo Vaccino :* « Car les crimes de Rome étaient montés « jusqu'au ciel, » et elle était « la mère des abomi- « nations! »

Et ce que les martyrs voyaient, par la grâce de

Dieu, des yeux de leur esprit, nous le voyons des yeux de notre chair; nous voyons les menaces de Dieu accomplies et plus qu'accomplies : nous voyons les ruines de Rome. Les ruines n'ont pas péri, elles s'élèvent durant les siècles en témoignage de la justice de Dieu.

Elles s'élèvent pour servir de piédestal à la Croix victorieuse; elles subsistent pour être foulées aux pieds du vainqueur, les pieds cléments et beaux qui évangélisent la paix.

Et les marbres du hautain Capitole, et les colonnes des temples impurs, sont devenus les marches et les ornements de l'autel pacifique, où ne coule plus que le sang de la victime volontaire de l'amour.

Souvent on a mis en présence la morale païenne et la morale chrétienne; on a dit ce qu'étaient l'homme et la société sous le règne des faux dieux, ce qu'ils sont sous la loi du Dieu véritable. Nulle part le contraste n'est plus saisissant que de cette place où s'était assis Gibbon, au pied du Capitole.

Il éclate matériellement à l'aspect de ce Forum, le centre de la vie romaine et du monde avant la victoire de Jésus-Christ. Là, l'antique Rome n'a pas moins déposé le souvenir de ses immenses crimes que la trace de son étonnante grandeur.

Si Rome, abstraction faite de tout ce que nous avons appris depuis dix-huit siècles, peut exciter d'une certaine manière l'admiration, regardez seulement les humbles églises semées à droite et à gauche dans ses ruines, du Capitole au Colisée. Vue à travers Rome chrétienne, l'antique Rome inspire aussitôt le dégoût.

Ces grands Romains, ces maîtres du monde, n'apparaissent plus que comme des sauvages lettrés. Y a-t-il chez les cannibales rien de plus atroce, de plus absurde ou de plus abject que la plupart des coutumes religieuses, politiques ou civiles des Romains ? Y voit-on une luxure plus effrontée, une cruauté plus infâme, un culte plus stupide ?

Quelle différence, même de forme, peut-on signaler entre le fétiche et le dieu lare ? Quelle différence entre le chef de horde anthropophage qui mange son ennemi vaincu, et le patricien qui achète des vaincus pour qu'ils se combattent et se tuent dans ses festins ?

Cette alliance de la cruauté et de la débauche, que l'on remarque partout où la Croix n'a point passé et qui reparaît partout quand la croix se retire, où la vit-on aussi épouvantable qu'à Rome ? Le lupanar était un appendice du cirque; les tavernes qu'habitait la prostitution étaient contiguës aux loges où les *confecteurs* exerçaient leurs mains novices sur les gladiateurs blessés.

Avant d'entrer en campagne, les Romains ensevelissaient vivants un homme et une femme de la nation à laquelle ils avaient déclaré la guerre ; après la victoire, ils versaient le sang des captifs ou les réduisaient à l'esclavage, c'est-à-dire à une mort plus ignominieuse et plus lente. Il y avait des esclaves mendiants que leurs maîtres — des patriciens — mutilaient avec art, afin qu'excitant davantage la pitié, ils fussent de meilleur revenu.

Un jour, César, le grand César, ce guerrier, ce politique, cet orateur, ce poëte, cet écrivain, ce savant, ce délicat, cet homme d'esprit; César, si supérieur aux autres Romains et qui les méprisait tant, fit présent au peuple de quinze mille paires de vaincus qui entrèrent dans le cirque, et dont pas un ne sortit vivant. Oui, César !

Cependant, malgré cette largesse, le Dictateur mécontenta dangereusement le peuple; il y eut des murmures. César ne s'était pas intéressé suffisamment à une fête si belle, et il avait affecté de lire des lettres pendant toute la durée des jeux. Voyez-vous ce peuple et ce César ! Mais César est plus horrible encore que la canaille; son dédain élégant surpasse en barbarie tous les délires de Néron. Néron, du moins, comme son peuple, buvait sa part du sang qu'il faisait couler.

Pourquoi donc la mémoire de César n'est-elle pas couverte d'une exécration universelle et éternelle ?

C'est qu'il n'était pas chrétien. En détestant de pareils forfaits, la conscience humaine excuse jusqu'à certain point les coupables. Ils ignoraient ; ils n'avaient pas reçu la seule parole qui ait été assez forte pour armer le cœur de l'homme contre ses propres corruptions et l'arrêter sur la pente de l'abîme où toute vertu, toute intelligence non chrétienne est toujours placée.

César est un sauvage, la société païenne est une société sauvage. Rome est pleine d'orateurs, d'écrivains et d'artistes ; elle a de vastes connaissances, des lois fortes, de sages maximes, un puissant génie ; elle a même des qualités qui ressemblent à des vertus : mais elle n'a point de frein qui l'empêche de s'abandonner tout entière à toutes les passions de la chair et de l'esprit ; elle ignore la vérité, la charité, la justice, elle ne sait pas ce que c'est que la pudeur ; elle est sauvage. Les superstitions, les cruautés, l'impureté sont des fruits naturels et pour ainsi dire légitimes de son ignorance.

———

Le chrétien, considérant la société païenne, songe moins à la maudire qu'à bénir Dieu d'avoir arraché le monde aux ténèbres où l'âme humaine s'était souillée si profondément. C'est depuis que l'Évangile a parlé contre ceux seulement qui l'ont connu et qui l'ont trahi, que l'humanité a su fulminer ces anathèmes devant lesquels l'insolence de la force méchante a pâli et souvent reculé.

Les sociétés chrétiennes ont gémi sous d'exécrables tyrans. En tous ceux qui ont entrepris d'étouffer et de corrompre l'esprit du christianisme, elles ont vu reparaître l'esprit sanguinaire et voluptueux des anciens maîtres de Rome. Cependant aucun de ces monstres n'a rien entrepris, rien imaginé de semblable aux atrocités par lesquelles les ambitieux romains se rendaient populaires. Ils n'ont pu fausser longtemps la conscience publique, leur mémoire est notée d'infamie pour des actions qui ne seraient pas même alléguées contre la gloire d'un Trajan et d'un Marc-Aurèle.

Ainsi la loi du Christ n'a pas seulement délivré l'humanité du joug permanent de la tyrannie ; mais encore l'Église du Christ, établie au centre même de la tyrannie abattue, a su former dans le monde un esprit public invinciblement rebelle à la tyrannie. Le monde ne souffre plus que comme une exception de courte durée ce qui jadis était la règle implacable et sans exception.

Et ce qu'il est aisé de voir — lorsque l'on veut voir — c'est que sous la main de ses pontifes, successeurs du sénat, des tribuns et des Césars, Rome, à travers les misères et les faiblesses inséparables de l'humanité, n'a cessé de réaliser en elle le type de la société chrétienne, comme elle avait réalisé celui de la société païenne. Dans cette ville « où l'on avait « trouvé tout le sang qui s'était répandu sur la terre, » l'homme est traité avec patience et douceur comme un infirme, avec respect comme un enfant de Dieu.

Il est protégé, gouverné et honoré. On a pitié de ses défaillances et de ses ignorances, on travaille à le rendre meilleur. On lui garde ses droits; sa terre est à lui, son sang est à lui, son âme est à lui. En quels lieux du monde a-t-il eu des princes plus doux, plus justes, plus dévoués et plus ingénieux à le servir? En quels lieux, sous quelles lois la société a-t-elle donné à l'individu plus de repos, plus de lumières et plus d'amis? Ailleurs, l'homme est premièrement une force; à Rome, il est premièrement une âme.

C'est à Rome aussi que les mœurs publiques, suivant de plus près la direction auguste de l'Église, se sont plus fréquemment et de plus près approchées du divin idéal de l'Évangile. Je sais quels ravages ont accomplis de longues et criminelles excitations venues du dehors, je sais que tout peuple se termine en bas par une populace; mais je sais de plus qu'à Rome cette populace même n'est pas sans foi, et je sais encore quelles solides vertus chrétiennes font l'ornement du vrai foyer romain.

Jamais vingt ans ne se sont écoulés à Rome sans que la généreuse ville ait donné au monde un de ces héros qui se dévouent à l'amour de Dieu et des âmes avec la triomphante énergie de la sainteté. Bénis et encouragés par les Papes, ces élus ont toujours laissé des disciples qui les continuent et des œuvres qui n'ont point péri. — La conscience éclairée dédaigne les bouffées d'un ignorant orgueil, et elle assigne le premier rang au peuple qui a le mieux conservé la foi et qui produit le plus de saints.

Voilà donc ce que l'Anglais Gibbon voyait, ou du moins pouvait voir et comprendre en contemplant ce terrible Forum, désormais rempli de prière et de paix, abandonné à l'indolent labeur des pâtres et des femmes et aux jeux des enfants. Mais Gibbon n'avait pas l'esprit moins difforme et moins manqué que le visage. Il était d'ailleurs apostat. Après avoir embrassé la foi catholique, il l'avait reniée par une crainte lâche.

Il s'était fait incrédule, encyclopédiste, persécuteur, comme pour reculer plus ignoblement encore devant la persécution. Ame vraiment misérable, adoratrice de la force jusqu'à la haine de la faiblesse et de l'amour!

Or, ce spectacle de la paix dans le Forum irrita ce lâche, et ces chants de la foi des martyrs dans le temple de Jupiter irritèrent cet apostat. Sa pauvre raison en fut troublée. Il prit les sentiments de l'empereur Julien. Il s'écria : « Jadis des triomphateurs, aujourd'hui des moines ! » Et il résolut de venger enfin Jupiter de Jésus-Christ, les Césars des Papes, les Triomphateurs des Martyrs.

Il fit un livre savant, adroit et absurde, dans lequel, sans le vouloir et sans le voir, contre son propre dessein qui était de relever le paganisme, il prouva : premièrement, que la décadence de Rome avait affranchi le monde ; secondement, que la civilisation aurait irrémédiablement péri avec Rome, si les Papes ne s'étaient pas trouvés pour la sauver et la refaire.

Il prouva que, Rome eût-elle vaincu et civilisé tous les barbares, le paganisme par lui-même aboutissait à la destruction de Rome, de la civilisation et du genre humain. Et en même temps, plein d'une rage froide, il insulta le christianisme, ou plutôt il insulta Dieu, « qui abattait aux pieds de son Église
« victorieuse une puissance redoutée de tout l'uni-
« vers. »

Tel fut le livre de ce beau Gibbon, et le résultat de l'inflammation qu'il avait prise au pied du Capitole, dans une sublime horreur de voir des moines, et dans un sublime regret de n'être pas prêtre de Faustine. Car à quel autre emploi aurait-il pu prétendre, lui, ce singe ? Il avait été d'une milice anglaise et ne s'était point trouvé guerrier ; il entra plus tard au parlement et ne fut point trouvé orateur ni homme d'État.

Quel pauvre hère, bien fait pour la littérature encyclopédiste et pour le temps ingrat et frivole où il a vécu ! A peu de distance de l'endroit où il déplorait la splendeur des Césars, *si méchamment mise à mort par le Christ*, et le remplacement des triomphateurs par les moines, s'élève le monastère de Saint-Grégoire-le-Grand, d'où partirent saint Augustin et les autres moines qui baptisèrent et firent l'Angleterre.

Gibbon eut la fortune de voir le succès des idées qu'il avait servies. Il venait de publier ses derniers volumes. Retiré à Lausanne, il jouissait de sa gloire, lorsqu'un beau jour la Révolution française éclata, renouvela les pompes du triomphe et les pratiques de la dictature, chassa les prêtres, chassa les moines, chassa aussi Gibbon de Lausanne et le força de se réfugier en Angleterre, pays de libre pensée, où ce libre penseur ne se pouvait souffrir.

Bien à l'abri de tout chant d'église, bien protégé contre toute approche de moines, mais plein d'ennui et de peur et craignant fort l'approche des triomphateurs républicains, il mourut, en faisant tout haut l'apologie de l'Inquisition.

IV

FORBANS ET CUISTRES.

Les Gibbons n'ont jamais manqué dans Rome. En ce moment ils abondent. Ils viennent d'Allemagne, d'Angleterre, de France ; l'Italie et Rome elle-même en fournissent beaucoup. Ils demandent qu'on ôte le Pape et qu'on ramène César, et qu'on leur rende la beauté et la gloire antiques, sous les traits du roi Victor-Emmanuel ou du dictateur Garibaldi.

Tous ces païens sont en général des forbans et surtout des cuistres. Les forbans estiment qu'un coup de main qui leur livrerait Rome les mettrait à même de faire de belles affaires avec les orfévres et les amateurs de curiosités. Les cuistres pensent qu'ils diraient de belles choses dans le sénat et qu'ils deviendraient enfin des personnages. Et puis enfin, Dieu, et tout ordre et toute beauté, sont toujours haïs des forbans et des cuistres.

Ils aiment la force brutale, par la raison qu'avec la force morale ils ne peuvent rien, et que sans la force brutale ils ne sont rien. La force morale ne procure aucun lucre au forban, aucune importance au cuistre. Quand la force morale règne, le cuistre doit garder son taudis, et le forban doit vivre de peu ou s'acheminer vers le bagne. En présence de la force morale, le forban est fabricant de chandelles ou capitaine de vaisseau marchand; le cuistre est professeur de rhétorique, rédacteur de faits-Paris, auteur sifflé du Vaudeville.

Le cuistre et le forban se sont coalisés, et ils ont si bien ourdi et machiné que les voilà sur le point de prendre Rome. S'ils y parviennent, les nouveaux Césars dureront peu! Quelque barbare ne tardera pas d'accourir, — et l'histoire triomphale du cuistre et du forban sera pour la plus voisine postérité, comme le livre de Gibbon, un argument du christianisme.

V

LE VRAI INFAME.

Mais voici le vrai infâme, près de qui les autres semblent innocents; voici le monstre plus redoutable que le fou, pire que le païen et le renégat.

C'est le prêtre ennemi de l'Église; c'est le parricide, c'est Judas encore couvert de la robe des apôtres, la bouche encore pleine du mystère divin.

Il existe, je l'ai vu, je l'ai entendu. De la synagogue au prétoire, il promène l'impudence de sa trahison : « A trente deniers le Juste!

« Qui me donne trente deniers, et je livrerai le
« vicaire de Jésus-Christ; je prêterai mon nom et
« ma robe de prêtre pour tromper l'ignorance des
« fidèles !

« Trente deniers ! je serai Caïphe; j'embrasserai
« Hérode et Pilate; je dirai que Pilate maintient
« l'ordre et qu'Hérode garde la loi.

« Trente deniers, et amenez-le-moi. Je porterai
« contre lui des accusations que vous n'inventeriez
« pas: je le condamnerai comme transgresseur des
« commandements.

« Je l'accablerai d'injures plus meurtrières que
« les vôtres, de calomnies que l'on croira mieux;
« j'invoquerai l'intérêt du ciel. Donnez-moi trente
« deniers;

« J'irai à Rome, et je reviendrai dire, moi, de ma
« bouche de prêtre, que la liberté est morte, que la
« religion se meurt, que ce prêtre tue la foi;

« Qu'il est temps que ce prêtre cesse de régner;
« que ce prêtre usurpe; que ce n'est pas à lui que
« Dieu a donné le trône, mais à vous; que le salut
« du peuple exige que ce prêtre périsse.

« Quand vous l'aurez détrôné, pour trente de-

« alors je monterai à l'autel et je chanterai le *Te*
« *Deum*; et si vous le crucifiez, pour trente deniers
« je bénirai les bourreaux. »

Infâme! nous ne te mépriserons pas, toi; quelle que soit la misère de ton esprit, le crime est dans ton cœur, et ce crime est trop grand. Sois maudit pour le crime de ton cœur.

Sois maudit du peuple que tu scandalises, sois maudit des prêtres consternés; que la femme qui t'a enfanté maudisse ses entrailles; que l'évêque qui t'a sacré maudisse sa main; sois maudit dans les cieux.

Sois maudit, parce que tu trahis la sainte Église qui t'a formé lentement et tendrement pour être un prêtre selon son cœur, et tu tournes contre elle ses propres soins et les pouvoirs qu'elle t'a donnés!

Sois maudit, ostiaire qui ouvres à l'ennemi et qui sonnes la cloche de rébellion, lecteur qui fais mentir les saints livres, exorciste qui invoques Béelzébuth, acolyte qui deviens l'acolyte de Satan;

Sois maudit, diacre prévaricateur, toi qui as reçu l'esprit de Dieu *ad robur*, pour défendre les biens de la sainte Église, et qui dis aux voleurs que le domaine sacré leur appartient.

Sois maudit, prêtre sacrilége, profanateur de l'autel, parricide abominable, violateur des serments les plus saints. Tout ce que tu trahis, tu le trahis dix fois. C'est de toi qu'il a été dit : Mieux vaudrait pour lui qu'il ne fût pas né !

Si tu ne te repens, que Dieu compte tes pas dans la voie du mal, et qu'Il n'en oublie aucun; qu'Il accumule sur toi la charge et l'infection des péchés que tu fais commettre et de ceux que tu aurais remis !

Que toutes les bénédictions que tu as reçues et que tu renies se retournent contre toi; qu'elles tombent sur toi et qu'elles t'écrasent comme un sacrement de Satan !

Que les onctions sacrées te brûlent; qu'elles brûlent tes mains tendues aux présents de l'impie; qu'elles brûlent ton front où devait rayonner la lumière de l'Évangile et qui a conçu de scélérates pensées !

Que ton aube souillée devienne un cilice de flammes, et que Dieu te refuse une larme pour en tempérer l'ardeur; que ton étole soit à ton cou comme la meule au cou de Babylone jetée dans l'étang de soufre !

VI

DEUX POËTES.

A Saint-Pierre, j'ai retrouvé deux illustres personnages, l'un que j'aime et que j'admire, l'autre que j'admire et que je voudrais aimer; l'un, un charmant enfant qui était déjà un grand homme; l'autre, un grand homme qui était encore et qui n'a guère cessé d'être un terrible enfant. Ce dernier est Jean-Wolfgang Goëthe; l'autre est Jean-Chrysostome-Wolfgang Mozart.

Je les ai trouvés chacun à sa place : Mozart dans le temple, devant la statue de saint Pierre dont il baise le pied, en bon catholique; Goëthe à la porte et sur le dôme, où il fait de la philosophie, en bon protestant. Cependant, sa philosophie n'est pas absolument protestante, pas absolument dehors. Il plonge dans l'intérieur son grand regard sympathique. Oh! il n'a rien du singe!... Mais il n'entre pas.

C'était en 1770. Mozart avait quatorze ans; il faisait son tour d'Italie, donnant des concerts, exécutant des tours de force, hélas! pour gagner ses frais de voyage. Il jouait des morceaux de sa composition sur le clavecin ; il improvisait sur le clavecin et sur le violon ; il improvisait et chantait des airs avec accompagnement de clavecin, « sur des paroles faites exprès et *non vues d'avance.* » Mozart !

Et cependant, c'était Mozart. Non-seulement son génie résistait à ce métier, mais sa gaieté et sa simplicité d'honnête enfant catholique ne s'y perdaient point. Il étudiait, il écrivait, il riait, il priait, il obéissait à son père qui le conduisait dans cette course à travers tous les orchestres de l'Italie. Quelle brave et loyale figure de père, de chrétien et de musicien que ce Léopold Mozart, père de Wolfgang !

On les recevait bien. Peu d'argent, tout juste les frais ; mais beaucoup de courtoisie et une intelligence du génie qui ne lésinait point sur la louange. Dans « le très-jeune et très-expert signor Amadeo Mozart, » comme parlaient les programmes de concert, cette aimable Italie du dernier siècle devinait le grand Mozart. Il s'appelait Amadeo pour les Italiens : quel moyen de leur donner à prononcer Gottlieb ou Wolfgang ?

Ainsi, répandant sur la route les fugues, les motets, les symphonies, ébauchant des opéras, salué de sonnets, saluant de sonates, également satisfait du soleil, des oreilles et des voix, se sentant croître, un beau jour enfin Mozart entra dans Rome. Il s'en fut tout droit à Saint-Pierre, où le Pape célébrait la fonction du Jeudi-Saint. Il arriva près du Saint-Père qui servait la table des pauvres.

« Wolfgang avait de si beaux habits, et il était si à son aise, dit le bonhomme Léopold, que les hallebardiers suisses lui faisaient faire place, le prenant pour un gentilhomme allemand; d'autres l'ont même pris pour un prince; on me considérait comme son chambellan. » Wolfgang finit par se glisser entre les fauteuils de deux cardinaux. L'un d'eux lui dit : « Ne voudriez-vous pas, en confidence, m'apprendre qui vous êtes ? »

Il répondit : « Je suis le petit Mozart. — Quoi ! reprit le cardinal, vous êtes cet enfant célèbre dont on m'a tant écrit ! — Votre Éminence, dit à son tour le petit Mozart, n'est-elle pas le cardinal Pallavicini ? — Si fait. » Et voilà l'Éminence et le petit Mozart en conversation. Le cardinal trouva que Wolfgang parlait bien l'italien. Il avait lui-même un peu d'allemand; il le dit en six mots, où il s'accorda cinq fautes.

Prenant congé, Wolfgang baisa la main du cardinal, lequel ôta sa barrette, et lui fit un salut des plus gracieux. Tels étaient dès lors et depuis longtemps ces fiers cardinaux. Le bonhomme Mozart, charmé, raconte à sa femme cette petite scène tout imprégnée du parfum de Rome. Wolfgang ajoute : « J'ai
« eu l'honneur de baiser le pied de saint Pierre, et
« parce que j'ai le malheur d'être trop petit, il a

« fallu me soulever, comme on faisait de l'ancien
« Wolfgang. »

Ah! cette auguste statue de saint Pierre, objet de tant de naïfs hommages, quand je la verrai désormais, je verrai aussi dans le groupe des fidèles, parmi ces riches, parmi ces pauvres, parmi ces enfants, je verrai le petit Mozart, soulevé aux bras de son père et posant sur le pied de bronze ses lèvres d'or, ses lèvres d'où tant de belles mélodies se sont envolées, qui planent entre terre et ciel, douces comme la plainte, sereines comme la prière, pleines de désirs comme l'âme d'un exilé.

Tout ce que le vieux Mozart écrit de son fils pendant ce séjour de Rome, tout ce que Wolfgang écrit lui-même respire l'allégresse. Ce noble enfant était toujours gai, on le sent heureux. Il s'amuse à voler le *Miserere* de la chapelle Sixtine; il apprend des jeux pour les montrer à sa sœur lorsqu'il sera de retour, il lui adresse des billets en italien qu'il date de Rome, *caput mundi;* il compose une symphonie, il prend des leçons d'arithmétique, il demande des nouvelles de son canari.

Toute autre chose que la musique l'occupe peu. Un jour, après vêpres, il va au Capitole, il y voit, dit-il, *varie belle cose,* et c'est tout ce qu'il en dit. Il ne remarque ni une statue, ni un tableau, ni un édifice. L'art pour Wolfgang, c'était la musique. Il ne prenait pas garde au reste, pas plus que l'abeille peut-être, à la beauté des fleurs d'où elle tire son miel. Mais si nous entendions ce qu'il chanta sous l'impression du souvenir de Rome, alors nous saurions ce que son frère Raphaël lui dit.

Rome aima Mozart. Le Pape le fit chevalier, et ce fut la première consécration de son génie. Jusqu'alors on avait admiré le phénomène et plus ou moins récompensé l'artiste exécutant. Le Pape honora d'une distinction virile l'enfant qui devenait le grand Mozart. C'était le doux et malheureux Clément XIV, dont les cours européennes avaient déjà commencé le supplice.

Seize ans après Mozart, en 1786, Goëthe habitait Rome. Nous le trouvons sur la place de Saint-Pierre, avec un ami qu'il nomme Tischbein, et tous deux se promènent en mangeant des raisins qu'ils ont achetés dans le voisinage. Ils avaient le temps le plus tranquille, le ciel le plus pur, un soleil chaud. C'était le 22 novembre, *fête de Cécile*, dit Goëthe ; fête de sainte Cécile, aurait dit Mozart, qui n'eût pas manqué la messe et vêpres ce jour-là.

Les deux amis se promenaient donc de long en large, mangeant leurs raisins. Mais le soleil devint brûlant. Alors, ne pouvant se résigner à quitter ce portique, plus beau que celui d'Athènes, ils se réfugièrent à l'ombre du grand obélisque, et cette ombre se trouva juste assez large pour deux. O Goëthe, si tu l'avais voulu ! dans la croix de bronze qui domine l'obélisque, Sixte-Quint a mis une parcelle de la vraie Croix.

Ensuite les deux philosophes se rendirent à la chapelle Sixtine. Mozart y avait été pour le Pape et pour Allegri ; Goëthe y allait pour Michel-Ange. Les tableaux étaient bien éclairés. « Je ne pouvais, dit « Goëthe, que regarder et m'étonner. La virilité in- « térieure de ce maître, sa *grandiosité* surpasse toute « expression. » *Grandiosité*, voilà bien l'expression ! Mozart eût préféré Raphaël ; Goëthe devait aimer mieux Michel-Ange, un Titan.

Après avoir contemplé et contemplé de nouveau (c'est toujours Goëthe qui parle), ils pénétrèrent dans la basilique, toute remplie de la plus belle lumière du ciel serein. « Sans se *laisser égarer* par un goût trop raisonnable, étouffant tout jugement sévère, ils se réjouirent de ce qui les charmait. » Voilà le grand regard de Goëthe, le voilà simple comme Mozart.

« Enfin, continue-t-il, nous montâmes sur le toit du noble édifice, où l'on voit l'image réduite d'une ville bien bâtie, maisons, magasins, fontaines, promenades, églises. Parvenus sur la coupole, nous contemplâmes le clair pays des Apennins, le Soracte, Tivoli, Frascati, Castelgandolfo et la plaine, et plus loin la mer; à nos pieds les immenses palais, les coupoles brillantes, les grandes ruines, Rome!

« Après nous être bien pénétrés de tout, nous descendîmes. On nous ouvrit les portes du fronton et de la nef. On peut parcourir et regarder d'en haut toutes les parties de l'église. Comme nous étions sur le fronton, le Pape passa en bas pour faire ses dévotions de l'après-midi. Il ne nous manqua donc rien... »

Voilà ce que l'on pourrait lire sur le carnet de tout Allemand et de toute Anglaise; et tout Français même, pourvu qu'il n'ait pas d'esprit à envoyer aux journaux, en saurait dire autant. On se demande pourquoi Goëthe, avant de jeter ces notes incolores, s'écrie : « Il faut que je garde vivant le « souvenir de ce jour heureux! que je dise au moins « historiquement ce dont j'ai joui! »

C'est que ce jour-là, non pour la première fois, Goëthe avait respiré le parfum de Rome. Avant ce jour de la *fête de Cécile*, passé tout entier à considérer Saint-Pierre, la plus merveilleuse fleur du sol romain, — fleur qui exhale son parfum perceptible aux sens, comme une enveloppe matérielle des grâces spirituelles que l'âme y peut puiser — avant ce jour heureux,

Goëthe, sans la saisir encore tout entière, avait indiqué la raison de cette allégresse qui l'accompagnait à travers la ville de Dieu. Mozart y chantait comme un enfant dans la maison paternelle; il ne cherchait pas à se rendre compte d'un bonheur qui ne l'étonnait point. Goëthe est un exilé; l'air de la patrie l'enivre d'une joie immense.

Seulement, Goëthe ne connaît pas la loi qui l'exile; bien plus, il ignore qu'il respire l'air de la patrie, car il ne connaît pas non plus sa patrie; ou du moins, s'il comprend que Rome est la patrie de son génie, il ne sait pas qu'elle est davantage encore la patrie de son âme. Il cherche à savoir d'où lui vient la joie. Jamais le mystère de Rome n'a été mieux posé :

« Je vis ici dans une clarté et dans un repos dont
« je n'avais plus le sentiment. La sage habitude que
« j'ai prise de voir les choses telles qu'elles sont, de
« faire de mes convictions la lumière de mes yeux,
« d'abdiquer toute prétention contraire, me rend au-
« jourd'hui bien heureux en moi-même.

« Tous les jours quelque chose de nouveau et de
« remarquable; tous les jours des images fraîches,
« grandes, merveilleuses, et un ensemble pensé et
« rêvé depuis longtemps, mais qu'aucune imagina-
« tion ne pourra jamais atteindre...

« Si maintenant je tourne mes regards vers moi-
« même, alors je découvre un sentiment qui me ré-
« jouit. Celui qui regarde autour de soi sérieusement
« et qui a des yeux pour voir, celui-là doit devenir

« ......; il doit arriver à une vivante compréhension
« des choses solides et sérieuses.

« L'esprit se marque du cachet d'une capacité
« vigoureuse; il arrive au sérieux sans sécheresse,
« à la maturité avec joie. Pour moi, du moins, il me
« semble que je n'ai jamais su apprécier les choses
« de ce monde d'une manière aussi juste que je le
« fais à présent. Ce séjour exercera sur ma vie en-
« tière une influence bénie.

« Laissez-moi ramasser tout cela comme tout cela
« me vient. Plus tard l'ordre se fera. Je ne suis pas
« ici pour juger d'après mes idées reçues. Je veux
« m'efforcer de saisir la grandeur, et apprendre à
« me former avant d'accomplir ma quarantième
« année. »

Et pourtant, Goëthe est resté protestant, et même il a marché dans les conséquences du protestantisme, et il est devenu païen. Il a écrit d'odieuses et indignes paroles contre cette foi catholique devant laquelle il s'était senti le désir de *saisir la grandeur*. Hélas! oui, et ce n'est plus le mystère de Rome, c'est le mystère de son âme.

Quand il disait, après ce grand jour de Saint-Pierre, après ce jour heureux : « Nous avons vu passer le Pape, rien ne nous a manqué, » il mentait à la vérité, peut-être aperçue de lui ce jour-là et en ce moment-là. L'ombre de la croix de Jésus-Christ avait porté sur lui le matin ; quand le vicaire de Jésus-Christ passa près de lui le soir, il a manqué à Goëthe de se mettre à genoux.

S'il s'était mis à genoux, s'il avait adoré Celui qui passait devant lui sous une apparence mortelle, s'il lui avait demandé ce don de l'amour qui enfante la beauté, alors, pressé du désir et du besoin de se rendre pur, et bientôt baigné du sang de l'agneau de Dieu qui ôte les péchés du monde, il eût été délivré de ces souillures qui obscurcissent le génie, de ces poids qui lui alourdissent les ailes, de ces chutes qui les brisent, de ces aveuglements qui lui cachent ce qu'il a vu si haut et si loin.

Alors le parfum de Rome serait entré tout entier dans son âme et l'aurait embaumée pour toujours ; il y serait devenu parole, comme dans l'âme chrétienne de Mozart. Il n'eût pas laissé échapper ces accents mêlés, incomplets, déshonorés souvent ; ses plus beaux essors ne se seraient pas arrêtés à mi-chemin de la grandeur.

Jean-Wolfgang Goëthe, Jean-Wolfgang Mozart ! En ces deux hommes, Rome a vu passer, avant qu'elles naquissent, les deux plus grandes œuvres de l'art moderne : don Juan et Faust ; et le parfum de Rome est sensible en toutes deux. Dans don Juan, le parfum de l'intérieur ; dans Faust, celui du dehors.

A la conception de leur œuvre, Goëthe et Mozart

se sont trouvés en face du même ennemi, et tous deux l'ont vaincu. Mozart, enfant docile de l'Église, l'avait rencontré au dehors de lui-même; Goëthe, enfant rebelle, l'a vu surgir de son propre cœur.

Et peut-être que l'incomplète victoire de Goëthe constate davantage la puissance de la beauté vraie et vivante; car Goëthe a dû se prosterner devant elle malgré son esprit tout frémissant de haine. Mais Mozart n'a obéi qu'à son amour.

Mozart reçoit d'un plat librettiste, un type d'ignominie relégué dans la fange, hors de portée de la miséricorde divine; mais, écoutant les harmonies de la sainte Église, d'un regard de son œil de colombe, il transfigure cette chair réprouvée, il y met une âme, il lui prête des accents qui désarment la colère; et afin de garder entières les lois éternelles de la beauté, à côté de don Juan il place dona Elvire, qui souffre par lui et qui prie pour lui.

Et lorsque la pierre même crie contre le misérable et évoque contre lui les puissances de l'abîme, à travers les mugissements de l'enfer prêt à dévorer sa proie, tous ceux qui savent saisir la physionomie d'un caractère, tous ceux qui comprennent le langage des âmes, entendent les supplications triomphantes d'Elvire devant le trône de Dieu.

L'abject don Juan de l'auteur du libretto, le libertin vulgaire retourne à la pourriture de laquelle il est né ; mais la création du vrai poëte, le *Don Juan* de Mozart dépouillant l'enveloppe de boue, s'élance vers la gloire du repentir sur la trace des larmes de l'amour outragé. Là se rencontrent Mozart et Goëthe, dans l'harmonie du parfum de Rome.

Goëthe n'était pas obligé de prendre son sujet des mains d'un singe ; il avait la magnifique liberté de garder la noblesse, même dans les égarements de son héros. Il en use. Avec quelle grandeur Faust écrase de ses dédains la science humaine, et brise le principe de l'erreur moderne, le libre examen, ce jouet indigne de l'être pensant! Comme il s'émeut, comme il tressaille, comme il pleure au son des cloches de la Pâque catholique!

C'est là vraiment Faust, le type de la pensée humaine abandonnée à ses forces merveilleuses et impuissantes ; c'est là ce beau débris, plein de fierté, plein d'ironie, plein de désirs plus grands que lui-même, portant au profond de son âme le germe de l'amour, c'est-à-dire de l'humilité. Mais Goëthe, fils du protestantisme, s'est trouvé inférieur à cette glorieuse ébauche. Elle l'écrasait, il l'a déshonorée.

Sur le front de Faust, il éteint l'étoile de la grandeur et le rend semblable, non pas au don Juan de Mozart, mais au don Juan du singe ; il le traîne au fond des gouffres infâmes, il le jette dans les bras du paganisme, il le fait blasphémer en pensée, en paroles et en œuvres ; enfin, pour comble d'ignomi-

...nie, il le transforme en industriel, en entrepreneur, en philanthrope!...

On dirait que, forcé d'être catholique avec Marguerite par la loi de l'art qui le contraint de chercher la beauté, Goëthe veut que la haine protestante soit à son tour satisfaite, même aux dépens de l'art. On dirait que pour se venger de cette importune beauté qui l'a fait frémir et pleurer, pour se venger des larmes et du sacrifice de Marguerite, il flétrit et souille à plaisir ces grandes aspirations de Faust dont le seul terme logique est la foi, c'est-à-dire l'amour, c'est-à-dire l'humilité.

Mais tout à coup, dans le cœur du poëte, l'instinct vainqueur de la beauté l'emporte sur la haine de la vérité. D'un trait il supprime le libertin, le païen, le philanthrope; toutes ces ignominies disparaissent comme les monstruosités d'un rêve, et Goëthe à la splendeur du jour ne garde que le Faust pour qui Marguerite mourante a prié; ce Faust est le même que le don Juan de Mozart.

Qui sait? Quand à la fin de ce jour dont il ne profita pas et qu'il ne devait pas oublier, Goëthe vit passer le Saint-Père et sentit qu'il ne manquait plus rien à la beauté de la ville et du temple; qui sait si alors, sous ces voûtes, quelques-unes des mélodies conçues par l'enfant qui serait Mozart, ne vibrèrent point dans le cœur de l'homme qui avait écrit *Werther* et qui créerait *Marguerite* et *Mignon?*

Qui sait si ces mélodies qui deviendraient le dénoûment de don Juan, n'arrachèrent pas à Goëthe le dénoûment de Faust : l'union de l'intelligence et de l'amour portés au ciel sur les ailes de la pénitence et offerts à Dieu par les mains de Celle qui fut conçue sans péché ?

Jean-Wolfgang Goëthe, Jean-Wolfgang Mozart ! Cette Allemagne qui enfantait au même instant de tels hommes, combien elle serait grande si elle appartenait tout entière à la vérité ! Mais le génie de Mozart est plus clair et plus abondant que celui de Goëthe. Au baptême catholique, Mozart avait reçu aussi le nom de Chrysostome. Il l'a gardé, et c'est lui qui est la bouche d'or.

FIN DU TOME PREMIER.

TABLE DES MATIÈRES

CONTENUES DANS LE TOME PREMIER.

LE PARFUM DE ROME............................... 1

LIVRE I.

LE CHEMIN................................... 19

La Machine et l'Esprit. — L'Omniarque. — Une autre Télégraphie. — De Pétrarque. — La Raison du temps. — Destruction. — Coquelet. — La Patronne. — Disgrâces en mer. — Du Navire à vapeur. — Civita-Vecchia. — Palo. — Les Légats du Pape.

LIVRE II.

ENTRÉE A ROME................................ 81

Porta Cavalligieri. — Les Fenêtres du Pape. — L'Obélisque du Vatican. — De diverses Prisons. — Les Sentinelles. — Paul, prisonnier du Christ. — Un Pape avili.

LIVRE III.

PAPES ET EMPEREURS........................... 111

Néron et Pierre. — Saint Grégoire Ier, saint Grégoire II, Léon l'Isaurien. — Le nouvel Empire et le nouvel Empereur. — La Paix à Rome. — Rome sécularisée. — Saint Grégoire VII. — L'Italie sans le Pape. — Le Problème.

LIVRE IV.

SAINT-PIERRE DE ROME ET LE COLISÉE............... 165

A M. Eugène Veuillot. — Vue de Rome. — Le Corbeau. — La Colombe. — Saint-Pierre. — Le Capitole et le Forum. — Le Colisée. — Saint-Jean de Latran. — Les Romains d'adoption.

LIVRE V.

LA QUESTION ROMAINE............... 199

Noé et Pierre. — Après une lecture. — Réflexions sur un discours piémontais. — Charlemagne. — L'Église libre dans l'État libre. — Un Subalpin. — Devant Saint-Jean de Latran. — Le Pape et le Monde.

LIVRE VI.

ROMA VEDUTA, FEDE PERDUTA........... 299

Le Bourgeois. — Le Sot municipal. — Le Sot païen. — Forbans et Cuistres. — Le vrai Infâme. — Deux Poètes.

FIN DE LA TABLE DU TOME PREMIER.

Paris. — Imprimerie de P.-A. Bourdier et Cⁱᵉ, rue Mazarine, 30.

Chez les mêmes Éditeurs

OUVRAGES DE M. LOUIS VEUILLOT

MÉLANGES

RELIGIEUX, HISTORIQUES, POLITIQUES ET LITTÉRAIRES

1re ET 2e SÉRIES

12 volumes in-8. — Prix : 72 fr.

Chaque série se vend séparément au prix de 36 fr.

DE QUELQUES ERREURS SUR LA PAPAUTÉ. 2e édit. 1 vol. in-18.
 Prix.. 2 fr. 25
ÇA ET LA. 4e édition. 2 forts volumes in-18 jésus......... 8 fr.
ÉTUDE SUR SAINT VINCENT DE PAUL. Brochure in-18.... 60 c.
LE PAPE ET LA DIPLOMATIE. Brochure gr. in-8..... 1 fr. 50 c.
WATERLOO. Brochure grand in-8.................... 1 fr.

Mgr GAUME

LES TROIS ROME, ou Journal d'un voyage en Italie, accompagné :
 1° d'un plan de Rome ancienne et moderne ; 2° d'un plan de Rome
 souterraine ou des Catacombes. 2e édition. 4 vol. in-12.. 14 fr.

www.ingramcontent.com/pod-product-compliance
Lightning Source LLC
Chambersburg PA
CBHW060458170426
43199CB00011B/1254